소중한 _____에게 드립니다.

재즈가
나에게
말하는 것들

지금 여기에서

일러두기

- 음반명은 [ ], 곡명은 〈 〉, 단행본은 『 』, 단편, 논문, 신문, 잡지는 「 」, 영화, 프로그램 등은 ' '로 표기하였습니다.
- 한글맞춤법과 외래어표기법을 기준으로 편집했으나 일부 용어는 널리 쓰이는 표기를 사용했습니다.
- 큐알코드로 이 책에서 소개된 음악을 들을 수 있습니다. 무료 공개되지 않은 일부 음원은 미리듣기를 할 수 있는 음원으로 연결됩니다.

재즈가
나에게
말하는 것들

지금 여기에서

최
은
창

노르웨이숲

추천의 글

이 책은 진짜 전문가가 적어 내려간 재즈학개론이다.

학문적이지만 친절하다.

또한 이 책은 열렬한 러브레터이기도 하다.

전문가의 적확한 언어들 사이로 재즈에의 사랑과 동경이 넘쳐난다.

나의 오랜 사이드맨 최은창이 바로 그런 사람이다.

명철한 연구자, 음악에의 열정으로 가득한.

수록된 음악들을 편리하게 감상하며 즐겁게 읽어 내려갔다.

『재즈가 나에게 말하는 것들 - 지금 여기에서』는

재즈를 사랑하는 당신에게는 마음을 알아주는 친구가 되고

재즈를 알고 싶은 당신에게는 훌륭한 첫 노트가 될 것이다.

김윤아 (자우림)

작가의 말

글 쓰는 것을 좋아하는 편입니다. 글을 쓰면서 생각이 정리되어가는 경험도 좋고, 시간이 제법 지나고 난 뒤 남겨진 글을 통해 당시의 나를 다시 발견하는 것도 좋았습니다. 주변 사람들이 '좋아요'를 누르고 댓글을 달아주는 것을 더 좋아하는 것일지도 모르겠지만요. 그래도 제 글이 나쁘지는 않았는지, 주변 사람들은 제가 언젠가는 책을 한두 권 쓸 것이라고 예상하고 있었습니다. 사실, 저 자신도 그럴 것 같았습니다.

아무리 그래도 내 이름으로 된 음반을 내는 게 먼저지, 하는 생각에 책을 쓰는 건 계속 뒤로 미루게 되었습니다. 게으른 완벽주의자에 관한 얘기를 들어보셨나요? 제대로 해낼 것 같지 않으면 아예 안 해버리는 사람, 그게 바로 저입니다. 벌써 몇 해에 걸쳐 여러곡을 녹음해보고는 '이건 아니지' 하는 마음에 발매하지 못하고 접어두기를 반복하고 있습니다. 올해 초에도 그랬습니다. 그런 제가 글을 모아 책으로 낼 생각을 하고 실행에 옮기는 걸 보면 역시 글에는 아마추어라는 것을 인정하는 모양입니다. 이 정도면 나쁘지 않지, 하고 뻔뻔해질 수 있는 건 그런 이유입니다.

저는 재즈 연주자입니다. 더블베이스와 일렉트릭베이스, 두 개의 악기를 번갈아가며 연주하고 있습니다. 고만고만한 재즈 클럽에서 주로 연주하는데, 작은 무대이긴 해도 사람들 앞에 서서 조명을 받고 그들에게 악기 소리를 통해 말을 걸게 됩니다. 그리고 리더로, 혹은 사이드맨sideman[1]으로 이런저런 재즈 페스티벌에도 꾸준히 오르고 있습니다.

가끔은 유명 가수의 뒤를 따라 큰 공연장이나 음악방송에 얼굴을 내밉니다. 그럴 때면 지인이나 학생들에게서 연락이 오기도 합니다. 화면에서, 영상으로 봤다고 하면서요. 그래도 소박한 재즈 클럽에서의 연주가 저의 본모습이라 생각하며 살아가고 있습니다.

이십 대 중반에 시작한 재즈 연주자로의 삶이 용케도 지금까지 이어져왔는데, 고개를 돌려 주위를 살펴보면 어느새 제 또래 연주자들은 몇 남지 않았습니다. 직장인만 한창인 나이에 퇴직을 걱정하는 게 아니라 프리랜서 연주자들 역시 이

---

1   메인 아티스트와 함께 연주하는 연주자를 말한다. '세션' 혹은 '세션 연주자'와 비슷한 뜻이나, '사이드맨'은 '세션'보다 길게 지속되는 관계를 의미하기도 한다.

일을 언제까지 지속할 수 있을까 두려워합니다. 연주자로서 활동을 이어가기 위해 지금까지 많은 노력을 기울인 것도 사실이지만, 적지 않은 운이 따랐던 게 맞습니다. 세상살이에는 내 의지로 통제할 수 있는 게 있는가 하면, 우연처럼 주어지는 것도 뜻밖에 많다는 걸 배웠습니다.

재즈, 그 음악에 담긴 이야기는 제법 추상적입니다. 가사가 있다고 해도 대부분 영어로 된 곡들이라 연주하는 저조차도 명확하게 어떤 이야기인지 모르고 있을 때가 종종 있습니다. 하지만 그것도 한편으로 매력이 있는데, 제목이 흐릿하게 암시하는 어떤 이미지를 가지고 음악을 연주하는 이와 듣는 이가 제각각 꿈을 꾸게 되기 때문입니다. 저는 모호함이 가득한 음악을 들으며 이런저런 상상의 나래를 펼치는 걸 좋아합니다.

듣는 이가 추상적인 이야기에 자신의 감정과 이해를 덧입혀 완성해가는 것은 무척이나 개인적인 경험일 수 있습니다. 가사가 없을 때, 혹은 도무지 앞뒤가 안 맞는 가사로 가득차 있을 때 듣는 이는 훨씬 더 적극적으로 자신을 투영할 수 있게 됩니다. 정작 연주자는 오직 악기 소리로만 이야기할 뿐인데, 듣는 이는 '어떻게 나를 이렇게 잘 아는 거지?' 하는 마음으로 받아들이게도 됩니다. 자주 일어나는 일은 아닐지라도 몇몇 곡을 통해 경험하게 되는 이런 감상의 과정은 무척이나 소중합니다.

빌 에반스는 언젠가 "음악은 일상의 언어로 표현할 수 없는 세계를 표현하는 또 다른 언어"라고 말했습니다. 문장을 구성하는 단어 하나하나까지야 정확하게 기억하지 못해도, 대략 저런 의미가 담겨 있었습니다. 매번 곱씹어볼 때마다 저절로 고개가 끄덕여집니다.

하지만 제 경우에는 음악의 언어로는 표현되지 않는, 보다 구체적인 언어의 세계에도 관심이 적지 않습니다. 내가 연주하는 것이 그 누구의 가슴에도 가닿지 않고 그저 허공에 흩어져버렸다고 느껴지는 날에는 더 그렇게 생각하게 됩니다. 조금 더 이해하기 쉬운, 일상의 언어에 이야기를 담는다면 모두에게 좋지 않았을까 하면서요. 그러니 재즈를 연주하다가 재즈에 관한 글을 쓰는 것은 저에게 있어 추상에서 구상으로 사고방식을 옮겨오는 것인데, 각자의 부족한 것을 채워주는 보완적인 행위가 됩니다.

이 책에 담긴 각각의 글은 독백에 가깝습니다. 조만간 책으로 엮어 출판하겠다는 계획을 가지고 쓴 글이 아닙니다. 재즈 연주자로 일상을 살면서 쌓여간 막연한 생각을 조금 정리해보려고 써 내려간 글들이 많습니다. 불현듯 무언가를 깨닫고는 조금은 뿌듯한 심정으로 쓴 글도 몇 있습니다. 학생을 앞에 두고 쏟아내던 이야기들을 통해 다져진 내용도 제법 많이 섞여 있지만, 그래도 대부분은 제가 잘 기억하기 위해 스스로에게 다짐하듯 기록한 글입니다.

　몇 년에 걸쳐 한 장 한 장 쌓아온 글을 살펴보니 세상에는 이런 이야기가 필요한 사람들도 조금 있지 않을까 하는 생각이 들었습니다. 이제 막 타오르는 열정을 품고 재즈라는 음악을 공부하기 시작한 젊은 친구들에게는 사소하나마 도움이 될 것 같습니다. 한동안 재즈를 들어온 감상자들이 읽어주신다면 그것도 좋을 것 같습니다. 그리고 저의 음악 활동을 꾸준히 응원하는 마음으로 지켜봐주시는 분들도 몇몇 있는데, 그분들 하나하나를 감사한 마음으로 떠올려봅니다. 이건 여러분을 위한 책입니다. 진심입니다.

　이 책은 '재즈란 무엇인가?'라는 질문으로 시작해서 다시 그 질문에 대답하는 것으로 끝납니다. 원곡의 멜로디를 연주하는 것으로 시작해 각자의 즉흥연주를 마음껏 펼친 다음 원곡의 멜로디를 다시 연주하는 것으로 하나의 연주를 마치는 일반적인 재즈 연주와 같은 구조[2]입니다. 하지만 헤드 인과 헤드 아웃, 두 번의 멜로디가 완전히 동일하게 연주될 수는 없습니다. 짧은 인트로를 거쳐 음악을 천천히 쌓아가는 헤드 인과, 격정적인 즉흥연주를 마치고 이제 마지막을 향해가는 헤드 아웃은 제법 다르게 표현됩니다. 즉흥연주를 거치고 난 재즈 연주자는 이전과 동일한 사람일 수가 없으니까요. 원고를 마무리하는 중인 지금까지도 「재즈란 무엇인가」와 「다시, 재즈란 무엇인가」를 나란히 놓고 읽어보지는 않았지만, 무척이나 다른 내용으로 채워져 있다는 건 명확하게 느껴집니다.

그 사이에 들어 있는 열 개의 이야기는 재즈를 인생의 중심에 놓고 살아간 제 경험에서 깨닫게 된 것들입니다. 음악이론이나 용어, 연주 기법 등을 직접적으로 설명하는 것은 학교에서 늘 하고 있는 일이라 그런지 굳이 글로 다시 반복하고 싶지 않았습니다. 글에 담긴 것은 '나는 이렇게 질문하고 또 그 질문에 답하려 애써왔다'는 고민의 과정을 보여주는 것과, 그 고민을 통해 도달한 잠정적인 결론을 슬쩍 드러내는 것에 가깝습니다. 아마 조금 더 시간이 지나고 나면 다른 차원에서

2　재즈에 있어 원곡의 멜로디와 화성을 헤드(head)라고 부르는데 한 곡의 시작에 연주하는 멜로디를 헤드 인(head in), 마지막에 다시 연주되는 멜로디를 헤드 아웃 (head out)이라고 한다.

의 이해가 덧입혀질 것이라고 기대하고 있습니다. 그러니 본문의 글은 '지금의 나'는 이렇게 이해하고 있다는 정도의 이야기입니다.

거기에 더해 열 장의 재즈 음반을 소개해 보았습니다. 어떤 음반은 본문과 명확하게 연결되어 있고, 그보다는 조금 느슨하게 관계를 맺은 음반도 있습니다. 세상에는 더 유명한 음반도 많겠지만, 소개된 음반은 모두 수없이 반복해서 들어오며 많은 애착을 갖고 있는 제 음반들입니다. 사진에 담긴 CD와 LP는 모두 개인 소장품이라 낡거나 케이스가 깨진 구석도 있습니다. 이제는 저도 주로 각종 스트리밍 서비스를 통해 음악을 듣긴 하지만요.

먼저 음반을 듣고 각자의 느낌대로 받아들인 뒤, 제 글을 읽으며 '아, 이 음악에 이런 면도 있었구나, 이 사람은 이런 것에 주목해서 듣고 있었군' 하고 다시 한번 들어보는 모습을 상상해봅니다. 제 글이 누군가가 재즈를 더 잘 들어내는 것을 돕는다면 그보다 더 기분 좋은 일은 많지 않을 것 같습니다.

원고를 정리하며 살펴보니 각각의 이야기에는 어떤 문제의식이랄까, 주제가 될 만한 키워드가 숨어 있었습니다. 저는 분명 재즈라는 한 장르의 음악을 더 잘 이해하고 싶어 오랜 시간 노력하며 살아왔는데, 그 과정에서 정제되어 남게 된

몇 가지의 이야기는 보편적인 인간의 삶에 대해서도 생각할 거리를 던져주는 것 같습니다. 그러니 재즈를 듣다보니 인생을 알게 되었다고 한 작가의 이야기에도 새삼 설득력이 더해집니다. 많은 걸 느리게 습득하는 저는 아직 인생을 제대로 알게 된 같지는 않지만, 그래도 '인생이란 어쩌면 이런 거 아닌가?' 하는 희미한 단서 정도를 몇 개 발견한 것 같습니다. 그걸 같이 찾아내는 것도 재미있지 않을까요?

2024년 무척 더운 여름에
재즈에 관한 이야기를 엮어
여러분께 드립니다.

최은창

차례

재즈에 대해 알고 있으면
좋을 몇 가지 것들

이 땅에 재즈의 열풍이 한번 지나간 지도 벌써 30년쯤 되었다. 그동안 초심자를 위해 '재즈란 이러이러한 음악이다' 하는 설명도 꾸준히 있어 왔으니 다시 비슷한 이야기를 반복하고 싶지는 않은데, 최근에 재즈에 관심을 갖기 시작한 분들도 있을 것이니 아주 간략하게나마 정리해보기로 한다. 물론 재즈라는 다면적인 음악을 몇 페이지의 글로 제대로 설명하는 것을 기대할 수는 없고, 뒤로 이어지는 글을 읽어나가기 위한 최소한의 사전 지식을 제공하는 정도가 될 것이다. 그러니 이미 재즈의 역사와 연주 방식에 얼마간 이해가 있는 분들이라면 아예 건너뛰고 「01. 재즈란 무엇인가」로 시작하는 본문부터 읽어나가도 상관없다. 아니면 몇 페이지 되지 않으니 가벼운 마음으로 훑어보는 정도로도 충분할 테고.

우리나라에서 재즈는 늘 잘 알 수 없는 대상으로 머물러 있는 듯하다. 우리에게 '재즈'라는 이름으로 미국의 음악이 소개된 것은 1920년대 중반, 홍난파 선생 시절이라고 하니 100년은 족히 지난 일인데도 말이다. 누군가가 "클래식 음악이 뭐지?" 하고 묻는다면 십중팔구는 도대체 왜 저런 질문을 하는 걸까, 하며 갸우뚱한 표정을 지을 것 같다. 생각해보면 유럽의 고전음악이 재즈보다 대단히 오래전에 우리 땅에 전해진 것은 아닐 것이고, 초중고의 정규 음악교육을 통해 최소한의 지식이 전 국민에게 전해진 것이 차이라면 차이일 것이다.

1990년대 초중반, 재즈가 미국 혹은 서구 문화의 상징처럼 소비되면서 한국의 미디어를 휩쓴 시절이 있었다. 그때까지 소수의 사람만 경험해본 음악 장르가 갑자기 미디어를 통해 대중에게 노출되기 시작했는데, 한두 번 들어서는 알기 어려운 낯선 음악이었다. 그러니 당시에는 '재즈란 무엇인가?'라는 질문이 의미가 있었다. 무슨 이유에서였건 일찍이 재즈에 매혹되고 만 몇몇 사람들에게는 자신들의 시대가 열린 것과 같았다. 사람들에게 '재즈란 이런 음악이죠' 하면서 마음껏 설명하곤 했다.

그 당시 재즈는 현대인의 필수 교양 같은 자리를 차지했었다. 예술에 관심이 있는 대학생이라면 프랑스 영화를 찾아

보고, 미국의 재즈를 들어보고 하던 시기였다(그 끄트머리쯤에 나도 속해 있었다). 몇 권 안 되는 번역서를 통해 재즈가 어떤 음악인지, 아티스트는 누가 중요하고 대표작은 무엇인지 닥치는 대로 받아들이던 때였다. 정보가 많지 않다는 결핍은 그 정보를 다 흡수하고 말겠다는 열망을 불러일으켰다.

그때 받아들인 지식은 이런 종류였다. 재즈가 발생한 사회문화적 배경을 설명하고(20세기 초, 미국 뉴올리언스에서 발생해…), 재즈가 가진 음악적 특징을 몇 가지로 정리한다(즉흥연주란… 스윙이란…). 그리고 시대의 흐름에 따라 변해간 재즈의 하위 장르를 설명하고(비밥 시대란… 퓨전 재즈는…), 각 시기의 대표적인 연주자와 음반 혹은 주요 곡을 소개하는 것(마일스 데이비스의 [Kind Of Blue]는…) 말이다.

재즈는 미국의 음악이다. 그중에서도 아프리카계 흑인 사회가 가진 역사적, 문화적 유산을 기반으로 발생한 음악 장르이다. 역사가 짧은 미국이 경제적으로는 세계 제일의 국가로 우뚝 섰다고 해도 독자적인 문화유산은 많지 않은데, 재즈만큼 전 세계에 예술적 가치를 인정받으며 퍼져나간 것은 흔치 않다. 아니, 없다고 해도 과언은 아닐 것이다. 이제야 세계 각지의 수많은 나라에서 재즈를 듣고 또 연주하고 있지만, 그래도 재즈는 미국의 음악이라고 해야 할 것이다. 알면 알수록 미국의 문화와 아주 닮아 있는 음악이다.

재즈는 20세기 초, 뉴올리언스라는 미국 남부의 항구 도시에서 기원했다. 그 지역은 미국의 남부 중 상대적으로 개방적인 문화를 갖고 있어 인종적인 차별이 덜했다고 한다. 특히 백인과 흑인 사이의 혼혈인 크레올 creole[1]이 중산 계층의 삶을 영위할 수 있던 곳이었다. 그들은 유럽 전통의 음악교육을 받을 수 있어 악기 연주에 능했다. 초기 재즈에 영향을 미친 래그타임[2] 곡을 몇 곡 들어보면 기술적으로도 꽤 난이도가 높고 곡의 구성도 복잡한 편인데, 그런 면에서 비슷한 시기에 아프리카계 흑인의 후손들 중심으로 발생한 블루스와는 명확하게 다르다. 그들과 아프리카계 흑인이 일요일마다 콩고 스퀘어라는 광장에서 함께 어울려 음악을 연주하며 두 문화권이 자연스럽

---

1 원래 크레올은 미국 루이지애나주를 교대로 지배하던 프랑스와 스페인 제국주의자의 후손들을 지칭하는 말로 인종적인 함의가 없었다. 뉴올리언스에서 주로 나타난 유럽인, 아프리카계 흑인, 미국 원주민의 후손 등 다인종 간의 혼혈을 의미하는 크레올은 '유색인 크레올(creoles of color)'이라고 부른다.

2 19세기 말에서 20세기 초에 유행한 미국의 대중음악으로, 여러 섹션의 반복과 변주, 싱커페이션 리듬이 특징이다. 스캇 조플린(Scott Joplin)의 〈Maple Leaf Rag〉, 〈The Entertainer〉 등이 대표적이다. 래그타임 음악은 악보나 피아노 롤의 형태로 유통되었고 바, 살롱, 하우스 파티 등에서 연주되었다.

게 영향을 주고받았는데, 이건 당시의 미국에서도 흔치 않은 일이었다.

그렇게 뉴올리언스에서 발생한 재즈는 이내 미국의 여러 대도시로 퍼져나가며 급격히 성장하기 시작했다. 향후 몇십 년 간 재즈에는 여러 스타일이 등장했는데, 대략 10년을 주기로 새로운 스타일이 나타나는 것에 주목하여 재즈의 역사를 설명하는 것이 일반적인 방법이다. 1920년대는 뉴올리언스 재즈[3], 1930년대는 스윙[4] 혹은 빅밴드 재즈, 1940년대는 비밥 재즈[5], 1950년대는 하드 밥[6]과 쿨 재즈[7]가 등장했으며, 그 뒤로도 프리재즈[8], 퓨전 재즈[9], 신전통주의[10]… 끝도 없이 새로운 스타일이 나타났다.

이쯤 하면 재즈를 듣기 위해서는 적지 않은 공부와 사전

---

[3]   20세기 초, 뉴올리언스에서 재즈의 원형이 발생하였다. 트럼펫과 비슷한 악기인 코넷, 클라리넷, 트럼본 등의 관악기 및 기타나 밴조, 피아노 등의 악기가 다성적으로 즉흥연주를 펼쳤다. 주요 연주자로는 키드 오리(Kid Ory), 시드니 베쉐(Sidney Bechet), 킹 올리버(King Oliver), 루이 암스트롱(Louis Armstrong) 등이 있었으며, 이들 중 상당수는 시카고를 비롯한 대도시로 이주하여 음악 활동을 지속했다.

[4]   스윙은 1930년대에 크게 유행한 음악 장르를 말하기도 하고, 재즈 리듬의 핵심적인 느낌을 의미하기도 한다. 스윙 시대, 혹은 스윙 재즈라고 하면 당시 유행하던 빅밴드 편성을 떠올리게 된다. 빅밴드는 트럼펫 섹션과 트럼본 섹션으로 이루어진 금관악기족과 색소폰 섹션 그리고 피아노, 베이스, 드럼, 기타 등으로 구성된 리듬 섹션이 모여 구성된다.

지식이 필요하다는 생각에 피로감이 밀려들기 마련이다. 물론 루이 암스트롱, 듀크 엘링턴과 카운트 베이시, 찰리 파커

---

5   1940년대 중반, 일군의 젊은 뮤지션들이 당시 유행하던 댄스음악과도 같은 스윙 재즈에서 벗어나 연주자 및 진지한 감상자를 위한 기교적인 음악을 선보였다. 빠른 템포와 반음계적인 멜로디, 복잡한 화성과 격정적인 에너지가 특징이다. 비밥 시대의 연주 방식은 재즈 즉흥연주의 기반을 확립했으며, 이후 등장한 다양한 스타일에 영향을 미쳤다. 주요 연주자로는 찰리 파커(Charlie Parker), 디지 길레스피(Dizzy Gillespie), 버드 파웰(Bud Powell), 맥스 로치(Max Roach) 등이 있다.

6   1950년대, 비밥의 연장선상에서 리듬 앤 블루스, 가스펠이나 블루스 등 아프리카계 흑인의 음악적 영향을 더욱 적극적으로 받아들여 격정적이고 소울풀하게 연주한 스타일을 말한다. 혹은 1940년대의 비밥 스타일을 계승하고 더욱 성장한 스타일을 의미하기도 한다. 아트 블레이키(Art Blakey), 호레이스 실버(Horace Silver), 클리포드 브라운(Clifford Brown), 리 모건(Lee Morgan), 행크 모블리(Hank Mobley) 등 수많은 명연주자들이 이 스타일에 기반해 연주했다.

7   주로의 미국 서부, 백인 연주자들에 의해 상대적으로 여유 있는 템포와 가벼운 느낌으로 연주된 재즈를 말한다. 즉흥연주의 내용은 비밥의 영향 아래 있었으나, 종종 클래식 음악의 영향으로 편곡이 중시되기도 했다. 마일스 데이비스(Miles Davis)가 [Birth Of The Cool]이라는 음반을 발표해 쿨 재즈라는 새로운 접근을 관객에게 알렸으나, 챗 베이커(Chet Baker), 제리 멀리간(Gerry Mulligan), 데이브 브루벡(Dave Brubeck) 등의 백인 연주자들이 쿨 재즈를 대표하곤 한다.

8   프리재즈, 혹은 아방가르드 재즈라고 불리는 스타일은 비밥 중심의 재즈 전통에서 규범적으로 적용되어온 규칙에 의문을 품는 것으로 시작되었다. 기존의 재즈 연주는 곡의 멜로디와 화성이 제시되고 나면 그 뒤에 따라오는 즉흥연주는 주어진 템포와 화성 및 곡의 구조를 지키는 것을 전제로 연주하곤 했다. 1950년대 말 오넷 콜맨(Ornette Coleman)은 찰리 헤이든(Charlie Haden)을 만나 곡의 화성을 따라갈 수도 있고 그렇지 않을 수도 있다는 것으로 기존의 규범을 벗어난 연주를 시도했다.

와 디지 길레스피, 마일스 데이비스, 존 콜트레인 등 각 장르
를 대표하는 인물은 아직 거론하기도 전이다. 그리고 각각의
아티스트는 수도 없는 음반을 남겼으니, 그중에서 무엇을 들
어야 할지도 알기 어렵다. 그저 기분좋게 재즈를 좀 듣고 싶
었을 뿐인데 말이다.

　　다행이라면 다행인 게, 이런 정보에 지적인 호기심을 느
끼는 사람에게 길잡이가 되어 줄 만한 책이 몇 권 출판되었다
는 것이다. 예를 들어 미국의 많은 대학에서 교양 과목의 교
재로 사용되어 온 마크 C. 그리들리의 『Jazz Styles』는 『재즈
총론』이라는 이름으로 번역되어 소개된 바 있다(안타깝게도 지

9　　퓨전 재즈, 재즈 퓨전, 재즈 록, 퓨전 등 다양한 이름으로 불리는 이 장르는 1960
년대 말, 당시 유행하던 록이나 펑크, 리듬 앤 블루스 등 대중음악의 영향을 적극적으
로 받아들였다. 전자악기의 도입 역시 특징적이었다. 상대적으로 화성의 진행이 단
순화되고 보다 반복적인 리듬 중심의 음악으로 진화하기도 하였고, 다양한 문화권의
음악을 수용하며 다채로운 색깔을 갖게 되었다. 하지만 지나치게 상업적으로 치우치
는 것에 대한 비판도 있었다. 마일스 데이비스의 사이드맨이던 많은 재즈 뮤지션은
각자 자신의 퓨전 재즈 밴드를 이끌었는데, 허비 행콕(Herbie Hancock)은 Headhunt-
ers, 칙 코리아(Chick Corea)는 Return To Forever, 조 자비눌(Joe Zawinul)과 웨인 쇼터
(Wayne Shorter)는 Weather Report를 결성해 성공적인 커리어를 이어갔다.

10　　1980년대 들어 브랜포드 마살리스(Brandford Marsalis)와 윈튼 마살리스(Wynton
Marsalis) 형제로 대표되는 일군의 젊은 연주자들이 퓨전이 아닌 비밥이나 하드밥과
같은 전통적인 재즈 스타일로 회귀해 큰 반향을 일으켰다.

금은 절판되었다). 아니면 요아킴 E. 베렌트의『Jazz Book』역시
『재즈북: 래그타임부터 퓨전 이후까지』라는 제목으로 출판되
었다.『재즈북』과 마찬가지로 분량이 적지 않아 부담스러운
면은 있지만, 게리 기딘스와 스캇 드보의『Jazz』역시『재즈:
기원에서부터 오늘날까지』로 번역되었다. 그보다 가벼운 재
즈에 관한 에세이와 같은 책은 수도 없이 쓰였다. 재즈 역사
의 전반적인 흐름을 익혀둔다는 의미에서는 위의 책들을 가
볍게 읽어보는 것도 나쁘지 않을 것이다.

　　여러 서적을 보면 공통적으로 발견하게 되는 점이 재즈
의 역사에서 대략 10년의 주기로 새로운 스타일이 등장한다
는 것인데, '과연 그런가?' 하며 질문을 품고 따지고 들어가면
할 말이 많지만 이번에는 적당히 넘어가기로 한다. 대신 재
즈가 재즈이게 하는, 재즈의 핵심 요소에 집중해보도록 하자.

　　많은 이들이 재즈의 세 요소로 즉흥연주, 스윙 리듬, 블
루스를 꼽는다. 먼저 즉흥연주란 연주할 음표가 엄격하게 악
보에 적혀 있지 않은 상태로 연주자가 자신이 연주할 음을 그
때그때 결정해가면서 연주하는 것을 말한다. 이런 의미로 즉
흥연주를 실시간 작곡 행위라고 말하는 사람들도 많다. 즉흥
연주는 재즈 이외에도 많은 문화권에서 다양한 형태로 있었

는데, 현대의 재즈가 즉흥연주의 가능성을 가장 치열하게 탐구하고 발전시켜온 장르라는 것에는 이견이 없을 것이다.

대부분의 재즈 연주는 여러 명이 함께 각자의 역할을 수행하면서 음악을 만들어간다. 색소폰은 멜로디를 담당하고, 그 뒤에서 피아노는 화성을 제시하고, 드럼은 리듬 아이디어를 제공하는 식으로 말이다. 여러 사람이 모여 각자 자신의 이야기를 말하면서도 혼란스럽지 않기 위해서는 암묵적인 약속이 필요하다. 같이 연주할 곡이 있으면, 그 곡의 멜로디를 먼저 연주한 다음 그 곡의 길이와 화성의 움직임은 그대로 둔 채 각자 자기의 이야기를 덧붙이면 대체로 소리가 맞아 들어간다는 것, 그러니 그건 웬만하면 지켜내자는 식으로 말이다(물론 이 약속을 깨는 시도도 등장했지만). 재즈 연주자들은 이리저리 연주해보는 경험을 통해 각자의 역할을 파악해냈고, 그게 일반적인 연주 방식으로 자리 잡게 되었다. 제법 많은 악기가 재즈 연주에 사용되어왔지만, 재즈라는 음악이 가진 독특한 표현법과 각 악기의 특징이 서로 영향을 주고받은 결과, 함께 연주하기에 적절히 상호 보완적인 기능을 하는 악기들로 점점 일반적인 편성이 갖춰졌다.

전통적인 재즈에 있어 즉흥연주는 화성이 진행되는 소리의 움직임 위에, 그에 어울리는 새로운 멜로디를 찾아내 얹는 행위이다. 어떤 사람은 화성 진행의 소리를 명확하게 들려주는 것을 좋아할 수 있고, 다른 사람은 그 화성 진행의 소리를 전제로 더욱 확장된 소리를 그 위에 겹쳐놓는 방식으로 접근할 수도 있다. 원곡보다 그 곡을 해석해내는 각 연주자의 즉흥연주를 듣는 것이 재즈 감상의 중심이 된다.

하지만 원곡의 멜로디와 화성 진행의 소리를 잘 기억하고 있지 않다면 즉흥연주의 내용을 단번에 듣고 모두 이해하기는 어려운 게 사실이다. 잘 아는 곡으로 시작된 재즈 연주라고 해도 큰 차이는 없다. 고도로 훈련된 연주자의 즉흥연주는 역시나 고도로 훈련된 청중의 귀를 요구한다. 어쩌면 즉흥연주 중심의 음악이라는 것이 편하게 음악을 감상하면서 정서적인 만족을 느끼고 싶어 하는 청중과는 괴리가 있을 수밖에 없는 태생적인 한계를 가졌는지도 모른다. 반대로 한 곡의 재즈 연주라고 해도 수없이 반복해서 들으며 늘 새로운 것을 발견하게 되는 이유이기도 하다. "재즈를 이해하는 데에는 100곡을 한 번씩 듣는 것보다 한 곡을 100번 듣는 것이 훨씬 낫다"라는 글을 읽은 적이 있다. 나 역시 수많은 음반을 찾아 듣기보다는 한 곡을 듣고 또 듣는 편이다.

청중 중에는 유독 리듬에 반응하는 몇몇이 있다. '스윙필'이라고 하는, 재즈가 가진 특유의 리듬감을 맛본 이들은 무엇인지 알 수 없는 그 중독적인 느낌을 찾아 음반을 듣곤한다. 하지만 음악이 만들어지는 현장에서 느꼈던 원초적인 감각은 음반을 통해 쉽게 재현되지 않으니, 매일같이 연주가 계속되는 재즈 클럽을 찾아 그들이 만들어가는 리듬에 빠져들곤 한다. 이유는 알 수 없지만, 몸이 이 음악을 원하는 것 같은 기분을 느끼는 이들 얘기다.

　　그들은 스윙 필이라고 하는 리듬의 느낌을 온몸으로 받아들인, 어쩌면 축복받은 이들이다. 드러머가 라이드심벌을 통해 디 딩기, 디 딩기, 하는 소리를 내고, 그와 함께 베이스 주자가 둥, 둥, 둥, 둥 하는 꾸준한 4분음표를 연주하는 것은 스윙 리듬을 구성하는 뼈대가 된다. 하지만 악보로 표기된 것 이상의 미묘한 뉘앙스가 있는데, 미세하게 앞으로 달려나가는 듯한 4분음표의 느낌은 듣는 이로 하여금 얼마간의 긴장감을 갖게 한다. 그 위에 밀고 당기는 듯이 자리 잡는 솔로 주자의 박자감이 한데 어울려서 스윙 필이라고 부르는 그루브 groove를 형성한다. 이 스윙이라는 리듬을 어떤 이들은 조금 느슨하게, 다른 이들은 꽉 조여드는 느낌으로 연주하기도 한다. 솔로를 구성하는 멜로디 조각들은 독특한 리듬 꼴을 가지고 있다. 싱커페이션이 가득한, 예측을 슬쩍 벗어나는 멜로디의 리듬 프레이즈는 낯설기도 하고 흥미롭기도 하며 동시에 스윙하는 느낌을 강하게 가지고 있다. 스윙 리듬은 명확한 하나의 문장으로 설명할 수 없는 상당히 다층적인 느낌이지만, 한편 반복해서 듣다보면 귀로, 아니 몸으로 바로 받아들이게 되는 아주 직접적인 경험이기도 하다.

블루스는 민속 음악적인 측면이 강해서, 상대적으로 단순한 곡의 구조를 갖고 있었다. 전통적인 블루스는 3행시로 구성되어 있는데, 대략 12마디 정도의 길이에 A-A´-B와 같이 같거나 비슷한 가사를 한 번 반복한 뒤 그것에 대해 대답하는 듯한 가사로 한 절이 구성된다. 이 짧은 길이를 여러 번 반복하면서 매 절마다 가사를 발전시켜가며 내용을 끌어가는 형태의 음악이다. 델타 블루스[11]의 대표적인 연주자 로버트 존슨의 대표곡 〈Crossroad Blues〉의 1절 가사만 살펴봐도 이런 구조를 쉽게 발견할 수 있다.

---

11   20세기 초, 미시시피강 하구 삼각주를 일컫는 미시시피 델타 지역에서 발생한 초기의 블루스를 말한다. 주로 한 명의 가수가 직접 기타 반주를 하며 노래했다. 노래와 기타가 선율을 주거니 받거니 하기도 하고, 기타 연주는 슬라이드와 벤딩을 통해 사람의 목소리를 흉내 내는 듯한 표현을 하기도 했다. 로버트 존슨(Robert Johnson), 찰리 패튼(Charlie Patton), 선·하우스(Son House) 등이 대표적이다.

I went to the crossroad, fell down on my knees.

I went to the crossroad, fell down on my knees.

Asked the Lord above,

"Have mercy, now, save poor Bob if you please"

블루스곡은 대부분 전형적인 화성 진행을 따르고 있는데, 1도, 4도, 5도의 코드가 일정한 방식으로 배열되어 있다. 그 화성 진행을 블루스 형식이라고 부른다. 블루스 형식은 블루스 이외의 장르에서도 종종 빌려 사용하는데, 예를 들어 레드 제플린의 〈Rock And Roll〉이나 〈Moby Dick〉의 경우라면 블루스 형식에 기반한 하드록 음악이라고 부르면 적당할 것이다. 마이클 잭슨의 〈Black Or White〉는 블루스 형식을 기반으로 곡 중반에 브리지 역할을 하는 섹션이 추가된 곡인데, 마이클 잭슨다운 팝 음악의 정수이다.

재즈의 경우에는 블루스 형식을 빌려 수많은 곡이 쓰이고 연주되어왔다. 그래서인지 어떤 이들은 블루스가 즉흥연주만큼, 혹은 그 이상 재즈의 가장 중요한 핵심 요소라고 보기도 한다. 보통 아프리카계 흑인 문화권의 산물로 재즈를 바라보는 이들이 그렇게 말한다. 그런 이들은 블루스적인 표현이 희박한 유럽의 몇몇 재즈는 진정한 의미에서의 재즈라고 하기 어렵고(넓은 의미에서 재즈라고 할 수는 있겠지만), '즉흥 음악' 정도로 불러야 한다고 말하기도 한다. 재즈라는 이름에 얼마나 가치를 부여하느냐에 따라 논란이 있을 수 있는 이야기다. 어쨌든 재즈에 있어 블루스의 영향이 지대하다는 데에는 이견이 없다.

이 책은 이러한 내용을 얼마간 접해본 이들에게 그다음으로 한 걸음 더 나아가기를 권하는 글의 모음이다. 그렇다고 더 어려운 음악이론의 세계로 끌어들이려는 것은 아니다. 정확하게 정의를 내리려는 생각도 없고, 세세한 역사적 지식을 제공할 뜻도 없다. 그보다는 재즈라는 음악의 본질에 다가서기 위해 고민해온 과정을 보여주고, 지금까지의 잠정적 결론과도 같은 개인적인 깨달음을 남겨놓은 글들이다. 그걸 읽으며 얼마간 긍정하고 또 반론을 펼쳐나가면서 여러분의 머릿속에 '재즈란 무엇인가?'에 대한 각자의 대답이 조금씩 형체를 보이기 시작한다면 좋겠다. 그리고 각자 알듯 말듯 한 질문이 떠오를 때마다 마음을 열고 귀를 기울여서 '정말 그런가?' 하고 들어본다면 더할 나위 없이 기쁠 것 같다. 재즈를 듣는 우리는 귀로 관찰하고 마음으로 받아들이는 사람들이니까.

재즈란

　무엇인가

01

매 학기 '재즈의 역사'라는 대학원 과정의 수업을 한 지도 벌써 5, 6년이 지났다. 재즈의 역사가 학기마다 새로 바뀔 리는 없으니 대체로 비슷한 내용을 열 번도 넘게 반복하고 있는 셈이다. 그렇지만 경험이 쌓여가며 내 강의도 조금씩 진화하고 있다. 한 번 수강하고 지나가는 학생들 입장에서는 느낄 수 없겠지만 말이다.

재즈라는 음악이 태어난 지 100년 남짓인데, 어찌나 그 모습을 숨 가쁘게 바꾸어왔는지 모른다. 대략 10년을 주기로 1920년대는 뉴올리언스 재즈, 1930년대는 빅밴드 스윙, 1940년대는 비밥… 이렇게 말이다. 지금에야 이런 하위 장르를 다 재즈라는 이름 아래에 두는 것이 일반적이지만, 당시만 해도 새로운 스타일이 등장할 때마다 매번 "이건 재즈가 아니야" 하는 반발을 겪었던 모양이다.

재즈의 역사에 담긴 무한에 가까운 정보 중에서 의미 있게 느껴지는 것을 골라내어 한 학기 분량으로 엮는다. 역사의 어떤 장면, 어떤 음악이 학생들에게 특별하게 가닿는지 주의 깊게 관찰하는 것이 나의 일이다. 그러다 보면 더하고 뺄 내용들이 보인다. 대학원 수업이라 조금 더 자유롭게 진행할 수 있는 건 가르치는 입장에서 큰 행운이다. 매 학기마다 수업이 제법 다른 방향으로 흘러가곤 하지만, 그래도 첫 시간에 던지는 질문은 언제나 동일하다. '재즈란 무엇인가?' 사실 그 질문을 붙들고 한 학기를 끌고 가는 수업이다.

　다행인지 불행인지 도통 모를 일이나, 언제부턴가 "재즈가 뭐라고 생각하세요?" 하는 질문은 밈이 되어버렸다. 멜 토메가 던지는 질문에 적당한 대답을 찾으려 생각하던 엘라 피츠제럴드가 이보다 더 나은 설명은 있을 수 없다는 듯 스캣 솔로로 대답하고, 다시 그걸 멜 토메가 이어받는 영상을 화두로 삼아 수업을 시작하곤 했었다. 엘라 피츠제럴드와 멜 토메의 노래 뒤에는 '그런 논쟁 따위로 시간 낭비할 필요 없죠, 이게 바로 재즈라니까요.' 하는 뜻이 숨어 있었고, 객석의 사람들은 너무도 타당한 설명이라는 듯이 웃고 박수 치며 공감하고 있었다. 새삼 부러운 건, '재즈란 무엇인가?'라는 질문에 '내가 부르는 노래, 이게 바로 재즈라고요' 하고 들려주는 멜

토메와 엘라 피츠제럴드의 확신에 찬 태도다. 이 땅에서 재즈를 연주하는 우리는 '이렇게 해도 괜찮은 걸까?' 하면서 끊임없이 질문하는데 말이다.

　　재즈를 단정한 문장으로 정의하려는 사람들은 보통 역사적인 사실과 특징이 되는 음악적 요소 몇 가지를 들어 설명한다. '재즈는 20세기 초반 미국의 뉴올리언스 지역을 중심으로 발생한 음악으로, 스윙 리듬과 블루스적인 요소 그리고 즉흥연주가 중심인 음악이다. 재즈에서 주로 사용되는 악기는…' 이런 식으로. 어떤 이는 스윙 리듬을 스윙 필 혹은 스윙 필의 흔적 정도로 순화해서 표현하기도 하고, 또 다른 이는 싱커페이션과 그에 따른 놀라움의 요소를 조금 더 강조하기도 한다. 미국 재즈 뮤지션(특히 아프리카계 미국인)들은 블루스적인 요소를 유독 강조하기도 하고. 각자의 견해에 따라 중요함을 표현하는 정도의 차이는 있지만, 대체로 비슷한 설명이다.

　　누가 뭐라고 해도 재즈만큼 즉흥연주가 중심이 되는 음악은 없다. 주변의 재즈 뮤지션들을 봐도 클래식으로 악기를 시작해서 몇 년이고 연습을 지속하다가 '재즈의 즉흥연주를 접하고는 그 매력에 빠졌어요', 하는 사람이 부지기수다. 바로크 시대에도 즉흥연주는 꽤 중요한 능력이었다지만, 지금의 클래식 음악에서는 사멸하다시피 한 전통이니까.

안타까운 점은 처음 재즈를 듣기 시작한 사람이 즉흥연주가 어떤 의미를 담고 있는지 명확하게 알아 듣기는 쉽지 않다는 것이다. 제법 신기하군, 하는 정도로 지켜보게 되는 게 어쩌면 당연한 일이다. 하지만 연주자 입장에서는 놀라운 경험이 된다. 내 안에서 대단히 창의적인 일이 실시간으로 일어나는 것이니까 말이다.

다행인 건 리듬은 듣는 이에게도 즉각적인 반응을 가져온다는 점이다. 스윙 필이라고 부르는 특유의 느낌은 재즈의 핵심이다. 듣다 보니 자기도 모르게 앉아 있던 자세가 뻐딱해지고 신체 어느 한 부분이 건들거리게 된다면, 그날 연주하는 밴드는 제대로 스윙하고 있다는 말이다. 거기에 블루스적인 표현이 더해지면 이내 "이게 진짜 재즈지." 하며 고개를 끄덕이는 사람들이 나온다. 스윙 리듬 위에 얹힌 블루지함이란 두말할 나위 없이 재즈의 상징이다.

그보다 조금 더 난감한 질문도 만나게 된다. 유튜브의 재즈 관련 플레이리스트 중에는 아예 카페의 배경음악으로 사용할 목적으로 만들어진 음악들을 모아둔 것이 제법 있다. 대체로 적당한 템포의 스윙 리듬에 재즈 스탠더드[1] 곡에서 쓰일

법한 화성 진행으로 만들어진 곡들이다. 제법 그럴듯한 솔로
가 담겨 있고, 군데군데 블루스 릭²도 들려온다. 그야말로 재
즈의 핵심 요소들은 다 들어 있는 음악이다. 그런데 왠지 모
르게 그런 음악을 들으면서 '이게 진짜는 아닌데', 하며 고개
를 절레절레 젓게 된다.

　　한편으로 마일스 데이비스의 음악은 그냥 마일스의 음
악이라고 하면 되지 왜 굳이 거기에 이름을 붙여서는 다른 음
악이랑 죄다 뒤섞어버리는지 모르겠다던 게리 바츠의 가벼
운 투덜거림이 떠오른다. 재즈건 뭐건 그저 음악으로 듣고 느
끼면 되는 걸 왜 골치 아프게 따지고 있냐고 말이다.

1　　재즈 연주자들이 연주하는 주요 곡들을 말하는데, 명확하게 규정된 곡목이 존재
하는 것이 아니라 역사가 흐르면서 계속 누적되어 왔다. 상당수는 20세기 초반 미국
의 조지 거슈윈(George Gershwin), 콜 포터(Cole Porter), 어빙 벌린(Irving Berlin) 등의 뮤
지컬 작곡자들이 쓴 곡들로, 이러한 곡들을 지칭해 The Great American Songbook이
라고 부르기도 한다. 한편 듀크 엘링턴, 텔로니어스 몽크(Thelonius Monk), 마일스 데
이비스, 허비 행콕(Herbie Hancock), 웨인 쇼터(Wayne Shorter) 등 주요 재즈 음악인들
이 재즈 연주를 위해 작곡한 곡들 중 상당수는 수많은 연주자들에 의해 지금까지 지
속적으로 연주되며 재즈 스탠더드 곡목의 중요한 부분을 차지하고 있다.

2　　릭(lick)이란 연주자가 관용적으로 자주 연주하는 프레이즈를 말한다. '찰리 파커
릭'과 같이 어떤 연주자의 개성이 강하게 드러난 프레이즈를 뜻하기도 하고, '블루스
릭'과 같이 한 장르에서 보편적으로 사용되는 프레이즈를 의미하기도 한다. 릭은 종
종 부정적인 의미로 사용되기도 하는데, '릭에 의존한 연주'라고 표현한다면 상투적
이고 습관적인 프레이즈의 연속이라는 의미로 받아들여질 것이다.

100년도 넘게 끝없이 벽을 허물어가며 발전해온 음악을 두고 내가 감히 '여기까지는 재즈, 저 선을 넘어가면 이제 재즈는 아니지' 하고 규정하려는 의도는 아니다. 그 누구도 부정할 수 없는 재즈란 어떤 것일까, 질문하며 더욱더 본질을 찾아 안쪽으로 파고들어가는 노력을 기울인다. 그러다가 어느 순간부터는 질문을 슬쩍 바꿔본다. '도대체 나에게 재즈란 무엇인가?' 하고 말이다.

스윙 필,

알듯 말듯 한

02

악보는 하나의 상징체계이다. 누리끼리한 종이 위에 나란한 다섯 줄이 있다. 작곡가는 그 위에 둥근 점이며 짧은 막대를 조합해서 음표를 그려낸다. 종종 음표들 위에 곡선이 등장하기도 하고, mp나 fff와 같이 몇 글자의 알파벳으로 의미를 추가하기도 한다. 그러한 수많은 부호를 통해 방대한 정보가 기록된다. 연주자는 작곡가의 머릿속에 있던 소리를 실제의 세상에 풀어놓는 역할을 맡는다. 지휘자는 총보를 바탕으로 작곡가의 머릿속을 들여다보며 오케스트라 단원들을 연주한다.

악기를 다루는 기술은 얼마간 객관적으로 평가가 가능한데, 빠르고 정확하게 연주해낼 수 있는가, 큰 음량과 풍성한 음색을 가졌는가 같은 것은 제법 명확하게 알 수 있기 때문이다. 평범한 음악 애호가 정도라면 충분히 비교를 통해 우열을 가릴 수 있는 영역이다. 연주자에게 있어 톤이 무엇보다 중요하다는 얘기는 그런 면에서도 의미가 있다. 화성과 리듬을 다루는 기술은 그보다는 조금 더 추상적으로 들릴지도 모르나, 아무리 난해한 화성과 리듬패턴이라 해도 채보가 가능한 명쾌한 정보이다. 명확하게 들어낼 수 있는 능력이 전제되어 있기는 해도.

하지만 악보로 표기된 것 너머에는 무한한 미분의 세계가 존재한다. '조금 여리게'는 연주자마다, 지휘자마다 전혀 다른 세기이다. 게다가 그들의 감정이 매일의 연주마다 일관될 리도 없다. 악보는 소리의 외형만을 제시해줄 뿐인데, 그게 연주자의 해석이 존재하는 이유이다. 작곡가와 연주자 사이의 상호작용을 거쳐 음악이 모습을 드러낸다. 그리고 그걸 듣는 이의 청각을 거쳐 마음에 가닿는 것으로 음악은 완성된다.

재즈의 세상에서는 '스윙'이라는 리듬이 가진 느낌, '스윙 필'이라는 그루브'가 대표적인 예일 것이다. 스윙 필은 그것을 느끼는 이들에게는 너무도 명확한 실체로 존재하지만, 말로 설명하려고 하면 끝없이 막연해진다. "재즈가 무엇인지 물어봐야만 한다면, 당신은 그걸 절대로 알 수 없을 거예요."라고 했던 루이 암스트롱의 말에서 재즈를 스윙 또는 스윙 필로 바꿔 말해도 아무런 무리가 없다. '스윙 필이 무엇인지 물어봐야 한다면 아마 스윙 필을 알 수 없을지도 모른다'고 말이다.

하지만 매사에 집요한 면이 있는 나는 수업 시간을 빌려 군이 캐묻는다. "대체 왜 그렇게 느끼는 거죠? 라이드심벌ride cymbal[2]은 스윙 패턴을 연주하고 있고(딩 딩가 딩 딩가 딩 딩가 딩…), 더블베이스는 꾸준히 4분음표로 워킹베이스walking bass를 연주하고 있는데 말이죠(둥 둥 둥 둥…). 심지어 솔로 주자가 연주하는 8분음표 역시 싱커페이션syncopation[3]이 섞여 든 스윙 8분음

---

[1]   사전적으로 '그루브'는 길고 좁은 골짜기나 홈을 의미하지만, 음악에 있어서는 반복적인 리듬에서 느껴지는 흥을 뜻한다. 재즈는 물론이고 소울, 펑크 등 대부분의 대중음악에서는 음악에 담긴 그루브를 그 무엇보다도 중요하게 생각하는데, 머리로 이해하기 이전에 몸과 마음이 직접 반응하게 하는 건 역시 그루브의 힘이기 때문일 것이다. 각 장르마다 조금씩 다른 특유의 그루브가 있고, 장르 안에서도 각각의 밴드마다 미세하게 다른 그루브를 가지고 있기 때문에 그 차이를 감상하는 것도 큰 재미를 준다. 참고로 레코드판에 가늘고 길게 파인 소리골 역시 그루브라고 부른다.

[2]   비밥 시대 이후 재즈 드럼 연주에 있어 라이드심벌의 역할은 절대적이라고 할 만큼 중요해졌다. 오른손잡이 드러머라면 드럼셋의 오른쪽에 라이드심벌을 두고 지속적으로 연주하는데, 박자를 지키는 것은 물론 다양한 프레이즈를 통해 밴드에 필요한 긴장감과 에너지를 제공한다. 라이드심벌의 음색은 물론, 미세한 박자감의 차이를 감상하기 시작하면 좋을 것이다.

[3]   싱커페이션은 흔히 '당긴음' 혹은 '당김음'으로 번역되는데, 싱커페이션이 사용되면 강세가 정박의 위치에서 약박의 위치로 이동하게 된다. 그러면 프레이즈에 가벼운 놀라움을 더해줄 뿐 아니라 음악을 앞으로 끌고 가는 듯한 느낌을 준다. 아프리카계 흑인의 음악적 전통에서는 싱커페이션이 가득 담겨 있고, 재즈적인 표현에 있어 핵심적인 요소 중 하나이다.

표[4]니까(두비두밥 바-), 겉으로 보기에는 우리가 스윙 리듬을 설명할 때 특징적인 요소로 꼽는 것들을 다 포함하고 있잖아요?"하고. 그러면 몇몇 학생이 약간 당혹스러운 표정을 지으며 대답하기 마련이다. "그렇긴 한데요, 제가 느끼기에는 전혀 스윙하지 않는 것 같아요. 그냥 미디[5]로 찍은 것 같은 그런 느낌이에요." 질문하는 나는 악보에 표기된 것을 넘어서는 미세한 세계를 귀로 관찰하자고 초대하는 중이고, 상대방은 명확하게 설명하긴 어렵지만 그래도 느낌으로 알 수 있다고 대답하는 중이다.

어떤 이들(특히 드러머들)은 집요하게 스윙 8분음표의 길이 (혹은 깊이라고 표현하기도 하는)에 집착한다. 8분음표로 표기되어 있다고 해도 앞의 8분음표를 길게, 뒤의 8분음표를 짧게 연주한다는 것, 그게 2:1의 비율인지 혹은 3:1의 비율인지를 중요하게 생각하는 것이다. 그리고 그 쪼개진 단위를 아주 일정하게 유지하는 것을 스윙 필이 만들어지는 전제 조건처럼 받아

---

4   악보의 왼쪽 위에 (♫=♪♪)와 같이 표기하는 것이 일반적이다.

5   미디(MIDI)는 Musical Instrument Digital Interface를 줄인 말인데, 전자악기 사이의 신호 전달을 위해 만들어진 표준적인 규약이다. 보통 '미디 같다' 혹은 '미디로 찍은 것 같다'고 하면 실제로 사람이 실연한 것과는 다른 기계적인 느낌이 난다는 의미일 때가 많다.

들인다. 그래도 수많은 연주자가 각자 조금씩 다른 느낌으로 연주하고 있다는 것을 알고 있는 그들은 스윙 필을 한 문장으로 완벽하게 설명하기 어려우니 템포에 따라, 연주자에 따라, 혹은 시대와 스타일에 따라 다를 수 있다고 덧붙이곤 한다.

그들에게 덱스터 고든의 〈Willow Weep For Me〉를 주의 깊게 들어보자고 하면 어느새 말문이 막혀버린다. 이 드러머는 한 곡 안에서 셋잇단음표와 16분음표를 제멋대로 뒤섞어 가며 연주하고 있다. 인트로에서는 철저하게 셋잇단음표에 기반한 연주를 하다가 곡의 멜로디가 시작되고 나면 '아차, 이게 아니었지.' 하며 16분음표에 기반한 라이드심벌의 패턴으로 스윙 리듬을 연주한다. 그러면서도 필 인이 들어갈 때마다 셋잇단음표로 돌아온다. 한 곡, 한 템포 안에서도 이리저리 왔다 갔다 한다는 얘기다. 드럼 연주에는 일정함이 생명이라고 믿어온 친구들은 이쯤 하면 '이 사람 대체 누구야, 무슨 듣보잡 아냐?' 하는 생각이 든다.

그런데 그 드러머는 케니 클락이다. 라이드심벌로 타임을 유지하고 베이스드럼은 악센트를 주는 컴핑 악기로 활용하는 비밥 스타일의 드럼 연주 방식을 확립한 사람이라 웬만한 재즈 역사책에는 항상 그의 이름이 등장한다. 게다가 피아니스트는 버드 파웰이고 리더는 덱스터 고든이다. 음반은 그의 대표작인 [Our Man In Paris]이다. 함부로 난도질하기 쉽지 않은 이름들이다. 그러면 내가 제대로 들은 게 맞나 하며 다시 주의 깊게 들어보게 된다. 하지만 몇 번을 들어도 케니 클락은 느릿느릿한 템포의 블루지한 곡에서 제멋대로 휘청이는 연주를 하고 있다. 덱스터 고든은 그렇게 허우적대는 스윙 리듬 위에서 조금도 거리낌이 없는 듯, 예의 굵직한 소리로 노래하고 있다.

다음에는 블루 미첼의 대표적인 연주인 〈I'll Close My Eyes〉를 틀어주고 꼼꼼히 들어보게 한다. 너무도 스윙하는 느낌이 가득 찬 연주라 듣고 있자면 아주 기분이 좋아진다. 솔로 주자들의 멜로딕한 연주와 가볍게 앞으로 성큼성큼 걸어 나가는 리듬 섹션의 연주가 몇 번을 들어도 유쾌하다. 그렇게 한 번 듣고 난 다음, "지금 이 곡이 스윙하고 있다고 생각하나요?" 하고 물어본다. 그러면 다들 '당연한 얘기를 왜 물어보는 거지?' 하는 표정을 짓는다. 이런 연주가 스윙하지 않는다면 도대체 어떤 곡을 스윙한다고 말할 수 있을까.

"자, 그럼 드러머가 연주하는 스윙 8분음표에 집중해서 한 번 다시 들어볼게요." 하고는 음악을 다시 튼다. 역시나 드러머들에게서 제일 먼저 당혹스러운 표정이 엿보이기 시작한다. '아니, 스윙 8분음표조차 제대로 연주하지 못하고 있는데, 이렇게 명확하게 스윙하는 느낌은 도대체 뭐지? 내가 스윙 8분음표를 저렇게 연주했을 때는 저런 느낌이 나지 않았는데, 저것보다 훨씬 더 정확하게 셋잇단음표에 기반한 스윙 8분음표를 연주했을 때도 이만큼 스윙하게 들리지는 않았는데 어떻게 이런 일이 있을 수 있지?' 하는 생각이 머릿속을 복잡하게 하는 것이다.

　　이쯤 하면 스윙 필이란 도무지 알 수 없는 마법 같은 얘기가 된다. '스윙 연주는 이러이러한 방법으로 하는 거야' 하는 설명에서 벗어나는 예를 찾자면 수도 없이 찾아낼 수 있기 때문에, 어떻게 설명하든 그것의 반례를 찾아내 반박하는 것이 가능할 것 같은 느낌이다. 그러니 제각각 자기의 방식으로 스윙 필을 만들어내고 있다고 표현하는 것이 더 적절한 설명이 될 것이다. 스윙 필이란 하나의 느낌이 아니라 이 다양한 리듬감의 총합으로 존재한다고 해야 할까. 그러고 나면 선생의 입장으로 선 나로서는 조금 무기력해진다. 그저 몇 가지 외형적인 설명을 할 수 있을 뿐, 세밀한 영역에 대해서는 그저 느껴질 때까지 반복해서 들으라고 말하는 것이 내가 해줄 수 있는 얘기의 전부이기 때문이다.

　　그러니 같이 카운트 베이시를 무한히 듣고 따라 불러보거나 같이 연주해보는 것 말고는 달리 방법이 없다고 생각하게 된다. 아마도 그게 최선일 것이다. 스윙 필이 가진 이미지는 설명을 통한 이해보다는 각자의 경험을 통해 또렷해지는 것이라고 믿기 때문이다. 〈Shiny Stockings〉이나 〈Basie - Straight Ahead〉를 몇 번이고 같이 들어보면서 그 멜로디가 담고 있는 싱커페이션의 향연에 주목해 보자고 한다. 아니면 리듬 섹션을 구성하는 드럼, 베이스, 기타 그리고 피아노의 관계에 초점을 맞춰서 들어보자고 한다. 그러고는 그 리듬 섹션이 만들어낸 거대한 물결 같은 리듬감 위에 트럼펫 및 트롬본 섹션과 색소폰 섹션이 주고받는 여유롭지만 한편으로 긴장감 넘치는 미세한 박자 감각의 세계를 관찰해보자고 권한다. 그리고 틈만 나면 베이스를 들고 그들과 같이 연주해보려고 애쓴다. 설명하기 어렵다면 같이 경험하는 수밖에 없으니까.

⟨Willow Weep For Me⟩ Dexter Gordon
[Our Man In Paris] 1963

 ⟨Shiny Stockings⟩ Count Basie And His Orchestra
[April In Paris] 1957

 ⟨Basie - Straight Ahead⟩ Count Basie And His Orchestra
[Basie Straight Ahead] 1968

만약 스윙 필에
정답이 있다면

[Basie Straight Ahead]
Count Basie And His Orchestra

자타가 공인하는 경지에 오르는 건 어떤 것일까. "당신이 이 세계에 있어서는 정말 최고예요."라는 말을 지속적으로 듣게 되고, 언제부턴가 마지못해 "그런 것도 같네요." 하고 받아들여도 남들이 보기에 조금도 거만한 느낌이 들지 않는 정도 아닐까. 그런 성취는 (당연한 얘기지만) 흔하게 주어지지 않는다.

　카운트 베이시 오케스트라는 재즈 역사상 최고의 스윙 밴드이다. 그러니 알듯 말듯 한 '스윙 필'을 이해하고 싶다면 이리저리 둘러볼 필요 없이 그들의 음반을 반복해서 듣는 게 좋을 것 같다. 그들의 음악이 곧 스윙이고, 스윙은 곧 그들이었으니까.

하지만 금관악기가 중심인 빅밴드 편성의 음악이 귀에 낯설고 너무 자극적으로 느껴지는 분들도 많다. 나도 처음에는 그랬다. 그러니 피아노를 좋아하는 사람들에게는 오스카 피터슨 트리오의 [We Get Requests]나 [Night Train], 레드 갤런드 트리오의 [Groovy]와 같이 산뜻하게 스윙하는 트리오 음반을 추천한다. 관악기에 얼마간 관심이 있는 눈치라면 아트 블레이키의 [Moanin']같은 음반을 권해보기도 한다. 그래도 마음속에서는 '일단 카운트 베이시를 들으면 좋을 텐데.' 하는 생각을 지울 수 없다.

카운트 베이시 오케스트라는 베이시의 리드 아래, 새미 네스티코나 태드 존스와 같은 몇몇 편곡자를 두고 제법 오랜 시간 동안 많은 음반을 남기고 수없는 라이브 연주를 펼쳤다. 심지어는 베이시 사후에도 그 밴드가 유지되며 과거 화려했던 시절의 음악을 계속 들려줄 수 있었던, 어찌 보면 예외와도 같은 재즈 밴드였다.

카운트 베이시의 어떤 음반을 집어들어도 실패할 리는 없겠지만, 첫 곡 〈Basie-Straight Ahead〉부터 앞으로 곧장 달려나가는 이 음반이 가진 매력을 놓칠 수는 없다. 'Straight Ahead'라면 가장 정직한, 전통적인 스타일을 지칭하는 표현이다. 단어 그대로 직역하자면 '곧장 앞으로'인데, 그 제목에 딱 들어맞는 시원시원한 느낌이 마음에 드는 곡이다. 지나치게 빠르지 않은, 미디엄에서 미디엄 업 사이의 템포를 가지고 있다. 카운트 베이시 밴드의 많은 곡이 그렇듯, 가벼운 피아노 트리오의 인트로로 시작해 이내 색소폰 섹션과 트럼펫과 트롬본의 금관악기 섹션 사이에서 멜로디와 컴핑[1]을 주고받는 형태로 전개된다. 멋진 테너색소폰의 솔로가 있긴 하지만, 편곡이 가진 힘이 워낙 지배적이다. 그 압도적인 에너지에 감탄하고 있자면 잠시 숨을 돌리는 듯한 피아노 솔로가 이어지고 이내 샤우트 코러스[2]라고 부르는, 곡의 클라이맥스로 향한다. 설득력 있게 잘 짜인 빅밴드의 편곡이 가진 미덕을 한껏 발휘하는 곡이다.

첫 곡에 힘이 가득 실려서인지, 그 뒤로는 조금 숨을 누

---

[1] 반주를 의미하는 accompaniment에서 유래한 단어로 솔로 주자와 대화하듯 주고받는 반주 형태를 말한다. 곡의 구조와 화성 진행을 명확하게 전달하는 기능을 하기도 하고, 솔로 주자와 적극적으로 상호작용 하기도 한다. 좋은 컴핑은 음악의 그루브를 형성하는 데에 핵심적인 역할을 하고, 종종 솔로 주자의 상상력을 자극해 음악을 한 단계 끌어올리기도 한다.

[2] 많은 빅밴드 편곡에는 곡의 후반부에 음악적으로 클라이맥스를 형성하는 부분이 존재한다. 높은 음역대와 큰 음량으로 마치 소리를 지르듯 격정적인 연주를 한다. 모든 악기가 같이 연주하게 되기도 하고 종종 드럼과 각 섹션이 주고받는 연주를 하기도 하면서 강렬한 음악적 쾌감을 전달한다.

그러뜨린 곡들이 이어진다. 슬쩍 딴생각도 해가며 음반을 듣다보면 이내 〈Hay Burner〉가 귀에 착 감기듯 들려온다. 그야말로 스윙의 극치 같은 곡이다. 심플한 코드 진행 위에 얹힌 블루지한 멜로디 때문일까, 유독 드럼은 셔플이 강하게 섞인 스윙 리듬을 연주하고, 베이스는 늘 그렇듯 4분음표를 앞으로 던지고 있다. 멜로디는 플루트와 뮤트를 끼운 트럼펫이 맡아 한 번, 가볍게 부르고 나서는 이내 색소폰 섹션과 트럼펫이 같이 연주한다. 그러고는 언제나처럼 익숙한 전개, 섹션 간의 대화와도 같은 편곡으로 곡이 진행된다.

〈That Warm Feeling〉은 카운트 베이시 오케스트라 특유의 느린 스윙 발라드인데, 발라드라고 해도 여전히 댄스 스텝을 밟을 수 있을 정도로만 느리게 연주한다. 스윙은 원래 댄스음악이었으니까 본질에 충실한 곡이라고 해도 좋을 것이다. 사실 카운트 베이시 오케스트라의 또 다른 명반, [Atomic Basie]에 실린 〈Li'l Darlin'〉은 이보다 한결 더 느린 발라드라 듣기에도 연주하기에도 아슬아슬한데, 그것 또한 숨 막히는 아름다움이 있는 곡이다.

[Basie Straight Ahead]는 1968년에 발표된 음반이다. 이미 재즈는 그들의 음악이 혁신적이던 1930년대를 지나 비밥이며 쿨, 모달[3] 등 여러 스타일을 거쳤다. 젊은 대중은 엘비스

프레슬리와 비틀스, 지미 헨드릭스에게 열광하고, 눈치 빠른 마일스 데이비스도 슬슬 전자악기를 받아들이며 논란의 중심에 휩싸이던 시기이다. 하지만 젊은이들이 새로운 스타일을 찾아 이것저것 새로운 시도를 하는 수십 년간, 카운트 베이시 오케스트라는 비슷비슷한 음악을 꾸준히 연주해왔다. 그야말로 스윙의 장인이 아닐 수 없다.

'오랜만에 이 음반을 다시 한번 들어볼까?' 하는 생각이 들었다면 분명 그때는 기분 좋게 흔들거리는 리듬의 물결 위에 올라타고 싶은 날일 것이다. 왠지 마음이 가라앉는 날이었을 수도 있고, 반대로 봄바람에 무척이나 마음이 들뜨는 날일 수도 있다. 재생 버튼을 누르자마자 이 음반은 첫 곡부터 그 기대를 어김없이 충족시켜준다. 무척이나 인상적인 몇 곡과 그 사이사이를 채우는 적당히 인상적인 곡을 쭉 듣고 있자면, '이런 음악을 들으면서도 고개나 발을 까딱거리지 않을 수 있

---

3   모달 재즈는 조성을 중심으로 다양한 코드 진행을 활용해 작곡하고 연주해 온 기존의 재즈 전통에 반하는 시도였다. 모달 재즈는 제한된 코드와 그에 대응하는 음계를 중심으로 작곡되곤 했다. 대표곡인 마일스 데이비스의 〈So What〉이나 허비 행콕의 〈Maiden Voyage〉는 하나의 코드가 오랜 시간 동안 지속되는데, 이러한 정적인 진행은 음계의 색채감에 주목하게 하는 효과가 있었다. 존 콜트레인과 같은 솔로 주자는 이러한 정적인 코드 진행 위에 자신의 상상력을 덧입혀 새로운 코드 진행을 만들어가며 연주하곤 했다.

는 사람이 있을까?' 하는 생각을 하게 된다. 익히 알고 있는 음악을 다시 찾은 것인데도, 늘 같은 크기의 만족감을 느낀다는 것은 무척이나 특별하다.

Basie Straight Ahead

Count Basie And His Orchestra | Dot, 1968

1. Basie - Straight Ahead(Sammy Nestico) – 3:56
2. It's Oh, So Nice(Sammy Nestico) – 4:10
3. Lonely Street(Sammy Nestico) – 2:53
4. Fun Time(Sammy Nestico) – 3:52
5. Magic Flea(Sammy Nestico) – 3:09
6. Switch In Time(Sammy Nestico) – 3:58
7. Hay Burner(Sammy Nestico) – 4:16
8. That Warm Feeling(Sammy Nestico) – 3:33
9. The Queen Bee(Sammy Nestico) – 4:13

Count Basie – piano, Hammond organ | Sonny Cohn, Gene Coe, Oscar Brashear, Al Aarons – trumpet | Grover Mitchell, Richard Boone, Bill Hughes, Steve Galloway – trombone | Marshal Royal – alto saxophone | Bobby Plater – alto saxophone, flute | Eddie "Lockjaw" Davis – tenor saxophone | Eric Dixon – tenor saxophone, flute | Charlie Fowlkes – baritone saxophone | Freddie Green – guitar | Norman Keenan – double bass | Harold Jones – drums | Sammy Nestico – piano (on "That Warm Feeling")

블루스는

세상에 말을 건다

03

애플 뮤직이든 스포티파이든 그 안에는 제법 많은 플레이리스트가 존재한다. 적당한 키워드를 검색창에 치면 수많은 플레이리스트가 뜨는데, 라디오가 하던 일을 이제는 그들이 대신하고 있다. 내가 좋아할 만한 음악을 골라 추천해주는 것. 세상의 모든 정보가 쏟아져 들어오고 재생산되는 유튜브도 빠질 리 없다. '재즈'와 '카페'를 같이 검색하는 것으로 아주 성실한 몇 개의 플레이리스트를 발견하게 된다. 호기심에 그들 중 몇 개를 클릭해보면 바로 알 수 있다. 카페에서 들려오던 음악이 그런 플레이리스트였다는 것을.

개중에는 적지 않은 브랜드 파워까지 얻어낸 것도 있다. 이를테면 'essential;' 같은 채널 말이다. 검색해보니 사흘 전에도 'essential;'은 Autumn Cool Jazz라는 플레이리스트를 업로드했다. 〈Autumn In New York〉, 〈Take Five〉, 〈Bobplicity〉 등이면 나쁘지 않은 취향이며 선곡이다. 그건 인정하지 않을 수 없다. 매일 아침 출근길에 주문한 커피가 나올 때까지 서서 그런 플레이리스트를 듣게 된다. 길어야 1분 정도겠지만.

하지만 기존에 발매한 곡을 유튜브에 업로드하면 바로 구글의 이메일을 받게 된다. 잘 읽어보면, '저작권 침해 사례가 있으니 영상을 내리거나 아니면 수익 전액을 저작권자에게…' 하는 이야기다. 구독자 수의 힘을 믿는 이들은 영상의 수입을 음원의 원작자들에게 전부 돌려준다고 해도 영상을 살려두는 쪽을 택할 것이다. '나도 한번…' 하면서 자신의 연주를 올려봤던 재즈 뮤지션들은 찜찜한 마음이 든다. 원곡이 있다고 해도 나의 연주인데, 내 솔로인데 그래도 나의 지분이 있어야 하는 게 아닌가 하고 말이다. 아니면 좀 더 똘똘한 친구들도 있는데, 직접 간단한 곡을 쓰고는 슥슥 즉흥연주로 채운 음원을 녹음해서 저작권 수입을 넘겨주지 않는 쪽을 선택한다.

어차피 카페의 배경음악으로 소비되는 음악이란 적당히 괜찮으면 된다. 너무 강렬해서 주의를 끌면 오히려 적절하지 않으니까 말이다. 흘려들을 때 적당히 세련된 느낌이면 된다. 지인과 대화를 나누다가 잠시 말이 끊긴 사이를 아무런 위화감 없이 채워줄 수 있으면 된다. BGM, 백그라운드뮤직은 원래 그런 거니까. 그런 음악을 만드는 건 사실 크게 어렵지 않다.

그리고 어떤 재즈는 기가 막힌 BGM이 된다. 이파네마의 해변가, 그리고 그 모래사장을 걷는 큰 키의 멋진 여성을 노래하는 안토니오 카를로스 조빔의 곡[1] 같은 경우가 그렇다. 처음 들은 지 벌써 30년은 지났을 텐데도 아직도 들을 때마다 감동한다. 연주자의 입장에서 말하자면 사실 쉽지만은 않은 곡인데(브리지 부분의 코드 진행[2]은 마법이라고 해도 좋을 만큼 조빔의 천재성이 마음껏 녹아들어 있다) 듣는 이는 그런 걸 고려할 필요가 없고, 그 곡은 스탄 게츠와 주앙 질베르토의 버전으로 이미 완결된 채 세상에 나왔다. 그보다 더 아름다운 버전은 아직 듣지 못했다.

---

1   〈The Girl From Ipanema〉는 [Getz/Gilberto] 음반을 통해 세상에 널리 알려졌다. 이 음반은 1965년 그래미에서 올해의 음반상을 수상하기까지 했다. 이 음반에 수록된 애스트러드 질베르토(Astrud Gilberto)의 영어 버전이 전 세계적으로 큰 인기를 얻었다. 유명 음악 유튜버인 아담 닐리(Adam Neely)가 이 곡에 대해 아주 깊이 있는 분석을 한 영상이 있는데 찾아볼 만하다.

2   흔히 AABA 구조를 가진 곡의 B 부분을 브리지라고 부른다. AA 부분의 반복을 거친 뒤 새로운 음악적 아이디어가 제시되는 부분이다. 〈The Girl From Ipanema〉의 경우에는 상대적으로 평이한 화성 진행을 가진 A 부분을 지나 브리지에 도달해서는 조성이 세 번 바뀌면서 화성적으로 다채로운 느낌을 주는데, 멜로디는 일정한 모티브를 유지한 채 각각의 조성에 대응하고 있다. 조성이 자주 바뀌는 데에서 오는 긴장감과 멜로디가 가진 일관성의 조화가 아름답다.

하지만 아예 처음부터 BGM이 되기 위해 만들어진 재즈는 재즈가 아닌 것 같이 들린다. 박제, 마네킹, 석고상, 그도 아니라면 홀로그램 같다. 그런 음악에 '내 이야기를 들어봐요, 나는 이런 세상을 꿈꾼다고요' 하는 의지가 담겨 있기를 기대하는 것은 사치다.

듣는 이에게 말을 거는 음악이 있는가 하면, '굳이 내 얘기를 들을 필요는 없잖아요' 하는 음악이 있다. 후자라면 제 아무리 스윙 리듬 위에 블루스적인 프레이즈로 즉흥연주를 한다고 해도 재즈처럼 들리지 않는다. 아무리 좋게 봐준다고 해도 무언가 제법 중요한 걸 잃어버린 상태의 재즈라고 말해야 할 것이다. 슬프게도 그런 음악을 종종 만난다. 카페나 호텔 로비 같은 곳에서, 그리고 플레이리스트에서.

많은 이들은 블루스가 재즈와 깊은 연관이 있다고들 했다. 조금 과장해서 표현하는 사람들은 "재즈란 결국 블루스지"라고 단언하기까지 했다. 하지만 오랜 시간 동안 나는 그게 체감되지 않았고, 해결되지 않는 고민이었다. 종종 블루스가 무엇인지 잘 모른다는 느낌에 내가 재즈 뮤지션이 맞나 하는 생각이 들었다.

그렇지만 그런 콤플렉스 따위 조금도 느끼지 않고 몇 날

며칠이건 지내기도 한다. 블루스곡을 종종 연주하기는 하지만, 블루스곡만 연주하지는 않으니까. 기껏해야 한 시간 공연에 한두 곡 정도 포함되는 정도이고, 그쯤은 그럴싸하게 연주해낼 수 있을 만큼의 연습이 쌓여 있었다. 하지만 블루스곡을 적당히 연주해낼 수 있게 되었다고 해서 나의 재즈 연주가 그다지 성장했는지는 잘 모를 일이었다. 그저 〈Blue Monk〉며 〈Sandu〉, 〈Things Ain't What They Used To Be〉 등등 수많은 재즈 연주자가 작곡한 블루스 형식[3]의 곡을 조금 더 수월하게 연주할 수 있을 뿐, 블루스곡 이외의 연주는 여전히 제자리걸음이었다. 그러니 블루스가 재즈의 핵심이라고 말하는 이들의 말에 동의하기는 어려웠다. 그 말이 맞다면, 나는 몇 년이고 블루스를 연습해왔는데 왜 재즈 연주가 성장하지 않는가 말이다. 그런데 그건 블루스의 의미를 블루스 형식이나 블루스 스케일[4], 블루스 릭 등에 가두었을 때 그랬다. 하지만 블루스는 그런 것에 갇히기에는 너무도 보편적이며 커다란 의미였다.

---

3 블루스곡은 AAB와 같은 3행시 구조에 더해 특정한 코드의 진행이 반복되는 것이 특징이다.

스토리텔링, 어쩌면 그게 블루스의 본질일 것이다. 적당히 가다듬은 나의 이야기를 세상에 던지는 것, 그게 스토리텔링이다. 한 단어 한 단어, 의미를 담아 가사를 완성하고 그 위에 곡조를 얹어 사람들에게 들려준다. 블루스가 여전히 포크 뮤직, 문자 그대로 민중의 음악이던 시절에는 그게 당연한 일이었다. 시답잖은 이야기일지라도 적당히 이야기를 만들어본다. 자동차의 타이어가 펑크 난 얘기든, 뚱뚱한 와이프에 대한 얘기든 말이다. 아니면 〈Malted Milk〉[5]일 수도 있다. 홍수에 관한 얘기여도 상관없다. 삶의 한 조각을 떼어내 이야기를 만들 때 슬쩍 자조적인 유머가 섞여 들어가면 더 좋다. 이야

---

4   유럽 전통의 화성을 기준으로 보면 단조에 가까운 음계인데, 블루스에서는 이 음계에 속한 음들이 장조 화성 위에 겹쳐져 사용되곤 한다. 블루스 특유의 색채는 유럽의 전통적인 화성 체계로는 설명되지 않는데, 아프리카라는 전혀 다른 문화권에 뿌리를 두고 있다는 점을 생각하면 어쩌면 당연한 일이다. 사실 악보에 표기된 블루스 스케일 역시 평균율로 조율된 12음 중에 가장 가까운 음으로 표기한 것일 뿐, 실제로는 정확한 단 3도나 단 7도가 블루노트라고 말하기는 어렵다. 그 언저리 어디쯤에 있는 미분음의 위치가 블루노트이고, 기타와 같이 미세한 음정의 변화를 표현하기에 적합한 악기가 블루스의 중심에 자리 잡은 것은 그런 이유일 것이다.

5   로버트 존슨의 대표곡 중 하나이다. Malted Milk는 직역하면 '맥아유'로, 맥아 가루에 분유를 탄 것을 말하는데, 가사의 맥락에 따르면 금주법 시대의 밀주로 해석하는 것이 적절하다고 본다.

기를 따라가다 피식 하는 웃음이 새어 나올 때 고단한 일상의 무게는 아주 조금 가벼워지고, 그때쯤 블루스는 제 할 일을 다 하게 된다.

하지만 어떤 이유에서인지 블루스를 좋아한다면 일단 기타를 잘 쳐야 하는 세상이 되었다. 우리는 손맛이 무엇보다 중요하다고 배운다. 수많은 기타의 명인들이 남겨놓은 연주를 누가 더 그럴듯하게 따라 하고 있는가의 경쟁을 벌이는 과정에서 스토리텔링은 사라지고 표현만 남았다. 작가의 정신은 온데간데없이 문체만 읽히는 소설이 되어버린 건 아닐까.

재즈 연주자들은 즉흥연주를 처음 배울 때 블루스곡의 형식을 가져다가 연습하는 것이 흔하다. 그럴 만도 한 게, 곡의 길이가 짧고 등장하는 코드의 수도 적기 때문에 신경 써야 할 것이 적어진다. 토닉 코드[6]로 시작해서 서브 도미넌트 코드[7]를 거쳐 다시 토닉 코드로 돌아오고는 어떤 종류의 케이

---

[6] 우리말로는 으뜸화음이라고 하는데, 조성의 중심으로 음계의 첫 번째 음 혹은 그 음 위에 쌓인 화성을 말한다. 조성의 중심이 되어 다른 코드에서 토닉 코드로 진행하면 긴장이 해결되는 듯한 안정감을 준다.

[7] 우리말로는 버금딸림화음이라고 하는데, 음계의 네 번째 음 혹은 그 음 위에 쌓인 화성을 말한다.

던스[8]를 거쳐 다시 토닉으로 돌아오기만 하면 사람들의 머릿속에는 이내 블루스가 떠오른다. 지금껏 수도 없이 많은 곡이 이 진행 위에 쓰였고 노래되었다.

그러다 보니 '블루스나 한번 연주할까?' 하는 말은 우리 재즈 연주자들에게 너무도 일상적이지만, 그때 연주하는 음악은 아주 높은 빈도로 블루스가 아닌 음악이 되고 만다. 얼마 전에는 "오빠, 이번 셋에 블루스 한 곡 연주해도 괜찮을까요?" 하는 질문도 들었다. 나처럼 제법 오랫동안 연주 생활을 지속해온 사람은 블루스를 연주하자고 하면 '이건 좀 식상한데' 하고 시큰둥해할 것이라 지레짐작한 모양이었다. 그렇게 물어본 피아니스트는 벌써 그런 반응을 여러 번 겪었을지도 모른다. 하지만 나는 구조가 쉬운 음악은 있어도, 쉬운 음악은 없다고 믿는다.

블루스를 연주한다면 필연적으로 '나는 누구인가', '나

---

8   우리말로는 종지라고 하는데, 멜로디나 화성 진행이 하나의 호흡을 마치고 해결되는 것을 말한다. 5도에서 1도로 진행하는 정격종지, 4도에서 1도로 진행하는 변격종지는 물론 반종지, 위장종지 등 다양한 종지가 존재한다. 블루스의 경우 V-1, V-IV-I, ii-V-I, bVI-V-I 등의 케이던스가 자주 사용된다.

는 세상에 어떤 이야기를 하고 싶은가' 하는 질문에 도달하게 된다. 소설가가 한 문장 한 문장을 쌓아 문단을 만들어가듯이 조심스레 프레이즈를 엮어가야 할 것이니까. 심플하지만 귀에 착 감기는, 좋은 멜로디로 시작해야 한다. 첫 문장이 무엇보다 중요한 것과 마찬가지다. 그러고는 한 번 정도 반복, 그러고는 슬쩍 변형해서 대답해야 한다. 그렇게 듣는 이의 귀를 끌어당기는 기술이 필요하다. 그렇게 한 코러스가 지나고 다음 코러스에 도달했어도, 어떻게든 흐름이 느껴져야 한다. 그렇지 않다면 코드의 진행을 쫓아가며 분절된 멜로디를 어수선하게 늘어놓고 있을 뿐이다.

   큰 그림의 이야기를 구성해내는 능력이 필요하다. 블루스를 잘 연주하는 이들은 명료한 문장으로 솔로를 하는 것이 몸에 배어 있다. 이전의 프레이즈와 이후의 프레이즈 사이에 명확한 관계를 맺는 것이 그들에게는 습관과도 같다. 그런 이들의 연주는 굳이 블루스곡을 연주하지 않는다고 해도, 블루스 스케일이며 블루스 릭 같은 명확한 블루스의 흔적을 굳이 집어넣지 않아도 무언가 다르게 들린다. 악기 소리로 듣는 이들에게 말을 건넨다고 할까, 그렇게 가사가 없는 악기 소리만으로도 명확하게 스토리텔링을 해내는 이들이 있다. 그럴 때 재즈는 곧 블루스나 마찬가지가 된다. 멋진 화성과 멜로디를 조합한다고 갑자기 없던 이야기가 생겨나는 것은 아니겠지.

⟨Autumn In New York⟩ Billie Holiday
[Billie Holiday] 1954

⟨Take Five⟩ The Dave Brubeck Quartet
[Time Out] 1959

⟨Boplicity⟩ Miles Davis
[Birth Of The Cool] 1957

⟨Blue Monk⟩ Thelonius Monk
[Thelonius Monk Trio] 1954

⟨Sandu⟩ Clifford Brown And Max Roach
[Study In Brown] 1955

⟨Things Ain't What They Used To Be⟩ Duke Ellington
[The Duke Plays Ellington] 1953

어떤 재즈는
신도를 만들고

[Crescent]

John Coltrane Quartet

딱 한 장의 음반을 고르는 게 좀 미안해지는 아티스트가 있다. 어쩌면 재즈와 같은 음악은 아티스트가 평생 쌓아온 작품의 총합을 꾸준히 감상해나가는 것이 더 필요할지도 모른다. 아티스트는 즉흥연주를 전제로 한 재즈는 완벽을 꿈꿀 수 없다는 것을 받아들인 채 '일단 여기까지가 지금의 나'임을 받아들이고 음반이라는 형태로 기록하게 된다. 그 찰나의 순간에 남겨진 기록이 여러 번 쌓이고 나면 비로소 한 아티스트의 세계가 명확하게 드러나게 된다.

존 콜트레인이라면 더더욱 그렇다. 아주 초기의 존 콜트레인을 들으면 그의 미숙함마저 발견할 수 있다. 주어진 곡의 코드 진행에서 어떻게든 멜로디를 뽑아내려고 끙끙대다 보니 박자가 뭉개지기 일쑤였다. 언제건 쾌활하게 막힘없이 솔로를 이어갔던 소니 롤린스와는 사뭇 다르다. 최고의 인기를 누리던 마일스 데이비스가 밴드 멤버로 소니 롤린스 대신 존 콜트레인을 선택하자 이런저런 뒷얘기들이 오갈 정도로 소니 롤린스는 재능이 넘치는 연주자였다. 하지만 마일스 데이비스의 선택을 보면, 마일스 데이비스는 존 콜트레인이 연주하는 음표 뒤의 어떤 것을 들어낸 모양이다.

몇 년이 지나 마일스 데이비스의 곁에서 [Kind Of Blue]를 녹음했던 1950년대 말에 이르자, 존 콜트레인은 이미 [Blue Train]이나 [Giant Steps]와 같은 명작을 남기며 자신의 길을 걷고 있었다. 이후 존 콜트레인은 맥코이 타이너, 지미 개리슨, 엘빈 존스로 구성된 쾨르텟으로 폭발적인 에너지가 넘치는 음악을 쏟아낸다. 1960년대 초반, 고작 4년 남짓한 기간에 이 편성으로 [Impression]을 비롯한 몇 장의 음반을 남겼는데, 그 정점은 제목부터 비장한 [A Love Supreme]이라는 거대한 작품이었다.

워낙 유명한 인물의 압도적인 밴드였으니 [Crescent] 역시 많은 이들의 마음속에 새겨진 음반이다. 하지만 한 해 뒤에 발표된 [A Love Supreme]이 기념비적인 의미가 있기 때문인지, [Crescent]는 상대적으로 살짝 과소평가 되는 건 아닌가 하는 아쉬움이 있다. 음악만 떼어놓고 듣고 있자면 두 음반은 일맥상통하는 면이 크다. 존 콜트레인 콰르텟의 사운드는 이미 제자리를 잡은 뒤였고, 매 곡마다 영적인 느낌이 들 만큼 강렬한 기운을 담아내던 시절이다.

첫 곡 〈Crescent〉는 아무래도 조금 더 주의 깊게 듣게 된다. 아티스트가 이 곡의 제목을 그대로 가져다가 음반 전체를 대표하게 했다면, 곡이건 연주건 꽤나 만족스러웠다는 얘기일 테니까 말이다. 이 곡의 멜로디와 화성 진행만 보자면 존 콜트레인은 몇 년 전 음반인 [Blue Train]이나 [Giant Steps]에서 탐구한 내용을 내려놓은 것 같이 들린다. 그가 작곡한 〈Giant Steps〉나 〈Countdown〉, 아니면 〈Moment's Notice〉 등의 곡에 사용된 코드 진행은 당대의 뮤지션들에게는 넘기 힘든 장벽이었고, 후대에는 몇 년에 걸쳐서라도 반드시 마스터해내야 하는 과제가 되었다.

하지만 그 몇 년의 시기를 지나 콜트레인은 심플한 코드 진행으로 돌아왔다. 단조의 조성이 명확하게 들리고 각각의 코드가 그 조성을 크게 벗어나지 않는 기능적인 화성 구조인데, 이건 첫 곡 〈Crescent〉나 두 번째 곡 〈Wise One〉에서도 동일하게 이어지는 특징이다. 격정적일만큼 앞으로 달려나가는 빠른 템포도 내려놓았다. 멜로디와 화성, 리듬과 악기의 숙련도를 인간의 극한까지 끌고 나간 뒤의 결정이다. 그러나 지난 시간의 수도승과도 같은 연습의 시간은 그에게 끝없는 표현의 폭을 확보해주었다.

이 음반에서 존 콜트레인은 완벽을 추구하고 있지 않다. 거칠게 몰아붙이는 색소폰 소리는 종종 깨지고 뒤집히기까지 한다. 하지만 그 뒤에 유유히 흐르는 감정의 크기가 압도적이다. 인간이기에 가질 수밖에 없는 한계를 받아들인 채, 그것을 넘어서는 것을 꿈꾼다고나 할까.

〈Crescent〉의 루바토 인트로에서 존 콜트레인과 함께 엘빈 존스는 거대한 대양의 파도와도 같은 물결을 연주한다. 이내 본격적으로 존 콜트레인의 솔로가 시작되면 엘빈 존스 특유의 느슨한 스윙 8분음표와 업비트에 꾸준히 강세를 붙이는 라이드심벌 연주를 들을 수 있다. 존 콜트레인의 솔로가 어느 정도 궤도에 오르고 나면 맥코이 타이너는 아예 피아노에서 손을 떼고는 그들에게 소리의 공간을 열어주는데, 그게 오히려 숭고하기까지 한 느낌을 준다.

〈Wise One〉은 또 한 번의 〈Crescent〉와도 같다. 여전히 마이너 화성 위에 루바토로 연주하는 인트로를 거쳐 박자를 확립하고 난 뒤 본격적인 솔로가 이어진다. 하지만 이 곡에서는 맥코이 타이너의 솔로가 먼저 연주된다. 지미 개리슨은 슬쩍슬쩍 틀려가며 연주를 하지만, 이내 맥코이 타이너의 리드를 따라 제자리를 찾는다. 그럴 때마다 젊은 맥코이 타이너의 연주에는 슬쩍 짜증스러운 소리가 섞이기도 한다. 하지만 그들을 지켜보면서 조금의 흔들림도 없는 존 콜트레인의 기다림을 듣는다. 존 콜트레인은 맥코이 타이너의 솔로가 끝날 무렵 마이크로 다가서며 한 숨으로 공간을 순식간에 채워버린다. 지금까지도 소리가 전혀 비어 있지 않았는데, 하며 새삼 놀란다. 나는 여지없이 존 콜트레인에게 굴복당하고 만다.

정직하게 헤드를 두 번 연주하고는 각자 숨 막히는 솔로를 이어가는 〈Bessie's Blues〉 역시 훌륭한 연주지만, 앞의 두 곡이 워낙 인상적이어서 그런지 조금은 틀 안에 있는 연주처럼 들린다. 그에 비해 〈Lonnie's Lament〉는 곡 중반부에 모든 악기가 빠지고 혼자 남은 지미 개리슨의 베이스 솔로가 아슬아슬하기는 해도 오히려 신선하게 들린다. 몇 분 전까지만 해도 엘빈 존스의 드럼 연주 위에 맥코이 타이너와 존 콜트레인의 솔로를 들었으니 베이스 솔로는 휑하니 빈 소리로 들리는 것이 오히려 정상일 것인데, 그 시점에는 필연적으로 베이스 솔로가 있어야만 했다는 것처럼 듣는 이들을 설득해낸다. 지금껏 이어온 긴장감을 잃지 않고도 한동안 더블베이스의 독주가 계속되는 것이 이채롭다. 그에 이어 다음 곡 〈The Drum Thing〉에서는 엘빈 존스가 마음껏 연주를 펼칠 수 있도록 공간을 열어놓았다. 네 명의 멤버들 모두 각자 빛날 수 있는 자리를 확보해둔 음반인 셈이다.

존 콜트레인의 사후에는 그의 음악과 정신을 기리는 교회가 세워졌고, 지금까지도 샌프란시스코에서 명맥을 잇고 있다. 매주 예배에는 교인들이 존 콜트레인의 음악을 예배 중에 연주하며 그를 성자로 추앙하는 모양이다. 녹음과 후반작업을 거치며 음량이 고르게 정돈된 음반으로는 다 전달되기 어려운 그 어떤 거대한 감정의 흐름이 존 콜트레인 연주에 있었으리라 짐작해본다. 그렇지 않고서야 어찌 보면 나약한 소리일 뿐인 재즈 연주가 적지 않은 사람들의 삶에 그토록 직접적인 영향을 미칠 수 있었을까.

Crescent

JOHN COLTRANE QUARTET

FEATURING: McCOY TYNER · JIMMY GARRISON · ELVIN JONES

Crescent

John Coltrane Quartet | Impulse!, 1964

1. Crescent(John Coltrane) – 8:41
2. Wise One(John Coltrane) – 9:00
3. Bessie's Blues(John Coltrane) – 3:22
4. Lonnie's Lament(John Coltrane) – 11:45
5. The Drum Thing(John Coltrane) – 7:22

John Coltrane – saxophone | McCoy Tyner – piano
Jimmy Garrison – double bass | Elvin Jones – drums

즉흥연주는

　　적당히 뚝딱뚝딱

04

영어를 대단히 잘하는 편은 아니다. 유학 시절 미국에 5년 살았던 게 전부이고, 그조차 20대 후반이었으니 원어민같이 유창하게 말하는 것은 아니다. 문장을 정확하게 말하고 싶은 욕심이 좀 있긴 한데 그게 원한다고 되는 것도 아니다. 관사며 시제며 이것저것 따지고 생각하다보면 말이 막힐 수밖에. 그래서 일단 뭐라 뭐라 말하다 보면 스스로 느낀다. '아, 정말 대충 말하고 있구나' 하고. 발음은 아예 큰 기대조차 하지 않는다.

하지만 듣고 읽는 건 그보다 좀 나아서, 내 분야의 책이나 인터뷰 등을 이해하는 데에 조금 불편한 정도(아주 불편한 건 아니고)는 된다. 중고등학교 때 공부한 것도 물론 무시 못 할 분량이긴 하겠지만, 언어적인 감각이 있는 편인 게 도움이 되었다고 본다. 쓰고 보니까 왠지 모르게 대단해 보이는데, 단어의 미묘한 뜻을 눈치껏 잘 파악하는 편이라고 해두자.

좋아하는 몇 개의 영어 단어가 있다. 예를 들면 appreciate 이다. 이 단어에는 '감상하다'라는 뜻과 '감사하다'는 뜻이 다 들어 있다. 그건 감사하는 마음으로 무언가를 감상하는 태도를 말하는 것은 아니었을까? 삐딱한 시선으로 깎아내리듯 하는 것 말고. 아무래도 남들 앞에 서서 연주하는 내 입장에서는 음악을 감상해주는 이들을 만날 때 역시나 감사한 마음을 품게 된다. 게다가 우리말로도 '감상하다'와 '감사하다'로 한 끗 차이니 이건 뭐 대단한 우연이 아닐 수 없다.

하나 더 좋아하는 단어를 꼽아보자면 realize가 있다. 명사형은 당연히 realization이 된다. 처음 배운 건 중학교 때였을까, '깨닫는다'라고 이해하면 충분했던 단어였다. 하지만 realize한다는 것에 real하게 만든다는, '현실화한다'와 같은 의미가 숨겨져 있다는 건 한참 뒤에야 알게 되었다. 상상으로만 존재하던 어떤 생각을 이 세상에 실재하는 것으로 구현해내는 행위 말이다. 머릿속에서 들려오던 어떤 소리를 악기로 세상에 펼쳐내는 순간, 관념으로만 존재하던 음악은 현실 세계의 무엇이 된다. 그런 과정을 설명하기에 더없이 좋은 단어이다.

조금 다른 이유로 좋아하는 영어 단어가 improvisation 이다. 우리말로는 '즉흥연주'라고 옮기는데, 의심의 여지가 없는 정확한 번역이다. 악보에 적힌 대로 연주하는 게 아니라 그때그때 떠오르는 대로 연주하는 것, 그걸 즉흥연주 말고 뭐라고 부를 것인가? 많은 이들이 재즈의 가장 핵심적인 요소, 재즈가 재즈이게 하는 본질적인 그 무엇을 즉흥연주라고 말한다. 우리네 재즈 연주자들은 종종 줄여서 '임프로'라 말하곤 한다. 정작 영미권 사람들은 'improv.(임프라브, 이렇게 읽으면 될 듯한데)'라고 줄이긴 하지만.

감상자이던 내게 즉흥연주는 마법과도 같은 일이었다. 어떻게 저런 멜로디를 끊임없이 매번 새롭게 떠올리고 그걸 바로 연주할 수 있다는 거지? 저 사람들은 천재인 게 분명해, 하면서 말이다. 즉흥연주도 훈련이 필요하다는 것, 훈련을 거쳐 나아질 수 있다는 것은 당연한 일이지만, 방법을 모르는 입장에서는 마법을 부리는 것처럼 보이기 마련이다. 아니, 즉흥연주를 연습한다는 게 본질적으로 말이 되기나 하는 걸까?

연주자가 되기로 마음먹고 난 뒤의 즉흥연주는 아무리 연습을 거듭해도 쉽게 뛰어넘지 못하는 벽이었다. 즉흥연주를 처음 배우던 시절, 나를 가르친 선생들은 방대한 지식을 쏟아붓곤 했다. 재즈는 원래 배울 게 많은 음악이라고 믿었으니까 많이 가르쳐주는 사람이 좋은 선생인 셈이었다. "나한테서 1년 배우면 유학 가서 4년 동안 배울 내용들을 다 배우는 거야. 너희는 잘 기억해뒀다가 평생 연습하면 되는 거라고." 하며 자랑스럽게 얘기한 선생님도 기억난다. 하지만 몇 년간 나는 소화불량에 시달린 셈이고, 즉흥연주란 초등학생에게 주어진 수능 수학 문제와 같은 느낌이었다. 언제나 가혹하리 만치 높은 그다음의 과제를 코앞에 쌓아두고 있었으니, 무언 가 스스로 새로운 것을 만들어내는 데에서 오는 만족감을 느 낄 틈이 없었다.

시간과 노력이 꽤 쌓여 얼마간 적당히 비슷하게 흉내는 낼 수 있는 단계에 이르러서는 그다지 새로운 걸 연주한다는 생각이 들지 않는 게 또 문제였다. 이전 코러스와 그게 그거 인 코러스를 연주하면서, 어제와 비슷한 프레이즈를 오늘 또 다시 연주하는 나를 지켜보면서 제대로 된 즉흥연주를 하고 있지 않다고 생각했다. 그런 한계를 벗어나보자고 다른 이들 의 릭을 연습하고 이런저런 스케일 패턴을 애써 외운다 한들, 암기한 것을 꺼내 연주하는 순간 이미 즉흥연주는 물 건너간 게 아닐까 하는 자괴감에 빠졌다.

그렇게 즉흥연주란 늘 완전히 새로운 것을 펼쳐내기를 요구하는 것 같았고, 나는 지나치게 거창한 그 단어의 무게 에 짓눌려 있었다. 그런데 한참 영어를 읽고 듣다 보니까 그 들은 improvisation이라는 단어를 사용할 때 조금 더 가벼운 의미를 담는 게 아닐까 하는 생각이 들었다. 즉흥연주라고 생각할 때는 언제나 모든 것이 새로워야 할 것 같았는데, improvisation은 작은 부분 하나가 달라져도 이전과는 다른 새로운 것이라고 부르는 것 같았다.

화려한 테크닉으로 혜성같이 등장한 베이시스트 빅터 우튼은 형제가 많은 가정에서 태어나 자랐다. 5형제였던 것으로 기억하는데, 음악도 형들 하는 걸 어깨너머로 보면서 배웠다고 했다. 기억나는 가장 어린 시절부터 음악은 늘 함께 있었다고 할 정도니까. 빅터 우튼은 자신의 슬랩 베이스 주법은 형 레지 우튼이 기타로 하던 걸 베이스로 옮겨놓은 것뿐이라고 나름 겸손하게 말하곤 한다. 어려서부터 형 레지가 자기를 가르쳤고, 생각해보면 레지 역시 열몇 살밖에 되지 않았던 어린애였는데 그땐 그게 당연하다고 느꼈다고 한다. 실제로 레지와 빅터, 두 형제가 같이 연주하는 영상을 보면 둘의 연주가 거의 똑같았다. 그렇지만 같은 주법이 어떤 악기를 만나느냐에 따라 천지 차이로 들리는 건 어쩔 수 없었다. 레지가 기타로 연주하는 슬랩slap[1]과 플럭pluck[2]은 신기하긴 해도 빅터의 베이스 연주만큼 가슴 벅찬 느낌을 주지는 못했다. 기타는 소리가 너무 얇았으니까.

그건 그렇고, 형제 많은 집이 대체로 그렇듯 그다지 풍족한 환경에서 성장한 건 아니었다고 한다. 빅터는 옷이든 책가방이든 형들의 것을 물려받았겠지. 매번 새 걸 사줄 수 있을 만큼 여유롭지 않았던 우튼 패밀리의 부모님은 늘 '임프로바이즈'해야 했다고 한다. 예를 들어 침대 다리가 부러졌다고 막내 빅터의 것을 새로 사준다거나 할 수 없는 형편이었으니, 주변을 둘러보고는 비슷한 것들을 가져다가 적당히 뚝딱뚝딱했다고 한다. 그 얘기를 들으며 나도 모르게 감탄했다. 그게 임프로비제이션이었구나, 손에 닿는 재료들로 적당히 뚝딱뚝딱, 해보는 것. 넘볼 수 없는 완벽의 경지를 꿈꾸며 상상하는 즉흥연주가 아니라 쓸 만한 무언가를 만들어내는 임프로바이즈 말이다.

비슷한 얘기로는 좋아하는 노래를 가져다가 슬쩍 내가

---

1   오른손 엄지손가락으로 줄을 때리듯이 연주하는 주법이다. 전통적인 일렉트릭 베이스의 연주는 검지와 중지를 교대로 사용해 줄을 가볍게 튕기는 피치카토 주법이 중심이었는데, 래리 그래햄과 같은 연주자가 보다 타악기적인 어택이 강조된 주법을 개발해 강렬한 리듬을 표현하기 시작했다.

2   슬랩 베이스 주법의 중요한 부분으로, 오른손 검지나 중지로 줄을 뜯듯이 연주하는 것을 말한다. 강렬한 어택감을 표현할 수 있다. 엄지의 슬랩이 베이스드럼과 같이 리듬의 중심을 잡는 역할을 하고, 검지나 중지의 플럭으로 스네어드럼과 유사하게 악센트를 주는 것으로 슬랩 베이스 주법이 시작되었다.

좋아하는 방식으로 바꿔서 세상에 돌려주는 것이 재즈라고 하던 한 뮤지션의 말도 생각난다. '재즈란 무엇인가'를 묻는 영상[3]에서 에티엔 찰스는 자신이 공항에서 만난 한 여자의 이야기를 들려주었다. 지루한 게이트에서의 대기 시간 동안 옆자리의 아주머니는 "당신, 좀 특이하게 생겼는데 뭐 하는 분이에요?" 하고 살짝 무례할 수도 있는 질문을 던졌다. 이런저런 음악을 하는 뮤지션이다, 재즈나 알앤비 같은 것도 연주하고, 하는 그의 대답을 듣자, 그 아주머니는 대번에 "나는 재즈 싫어요. 뭐 하는지도 모르겠고. 예전에 재즈 공연을 보러 간 적이 있었는데, 멜로디 비슷한 걸 연주하더니 그다음에는 뭘 막 하는데 알 수도 없고, 그렇다고 딱히 설명을 해주는 것도 아니고, 그렇게 막 연주하더니 백스테이지로 들어가 버리더라고." 에티엔은 재즈는 그런 게 아니라고 말했다.

"아주머니, 아주머니가 좋아하는 노래를 하나 떠올려보세요. 그리고 그걸 흥얼거리는데, 아주머니가 원하는 방식으

---

[3] 'What is jazz?'를 유튜브에 검색해보면 상단에 뜨는 영상 중에 'irockjazz musictv' 라는 채널에서 여러 연주자들의 인터뷰를 모아놓은 것이 있다. 영상의 제목은 'The Great Jazz Debate: What is Jazz?'인데 로버트 글래스퍼, 빅터 고인즈, 델피요 마살리스, 게리 바츠 등 다양한 연주자의 의견을 들을 수 있다.

로 슬쩍 음을 한두 개쯤 바꿔보세요. 봐요, 저절로 미소가 지어지지 않아요? 그게 재즈예요. 내가 좋아하는 노래를 가져다가 조금 바꿔서 세상에 들려주는 것."

그런 즉흥연주, 임프로비제이션이라면 나도 해볼 만하겠는데.

일단
우리 방식대로 해보자

[Double Rainbow: The Music of Antonio Carlos Jobim]

Joe Henderson

조 헨더슨 하면 〈Blue Bossa〉, 〈Blue Bossa〉 하면 조 헨더슨을 떠올리게 된다. 짧고 간단한 멜로디를 가진 곡인데, 중간에 조성이 슬쩍 한 번 바뀌었다가 돌아온다. 어려울 게 없는 곡이라 그런지 재즈를 듣기 시작한 이들이 흔히 처음 만나게 되는 몇 곡 중 하나다. 조 헨더슨의 초기작인 [Page One]이라는 음반에 수록되어 있어서 종종 조 헨더슨의 대표곡처럼 여겨지기도 하는데, 정작 곡을 쓴 이는 트럼펫 주자 케니 도햄이다.

나 역시 이 곡을 처음 들은 기억을 찾다보면 1993년까지 거슬러 올라가게 된다. 재즈클럽에서 연주되는 것을 들은 뒤 바로 마음에 새겨질 만큼, 이 곡의 멜로디에는 뭔가 확실한 전달력 같은 게 있다. 한두 번 듣고 기억에 남는 재즈곡은 사실 많지 않다. 실용음악이라는 전공이 생기고 나서 입시를 준비하는 학생들은 싫으나 좋으나 몇 곡의 재즈곡을 접하게 되는데, 〈Autumn Leaves〉와 함께 〈Blue Bossa〉 정도는 연습하게 된다.

이런 곡들은 보통 리드 시트lead sheet라고 부르는 간단한 악보를 통해 배우게 된다. 코드와 멜로디가 적혀 있는 게 전부인 악보. 어차피 재즈라는 건 코드 진행 위에 즉흥연주로 채워나가는 음악이니까 코드 진행만 제대로 읽어낼 수 있으면 어떻게든 연주를 할 수 있다. 학생들은 악기를 다루는 실력도 아직 능숙하지 않으며, 즉흥연주는 더더욱 낯선 상태이다. 그들에게 재즈 연주는 각각의 코드에 맞는 음이 무엇인지 재빨리 생각해내서 적당히 끼워넣는 퍼즐 같은 게 된다. 그런 시절에 경험하는 곡이 〈Blue Bossa〉니까 조 헨더슨이 이 곡을 어떻게 연주했었는지 주의 깊게 들어보고 그럴 경황이 없다. 이래저래 안타까운 일이지만.

이 곡을 다시 찾아 제대로 감상하게 된 건 보사노바와 같은 브라질 음악에 깊게 관심을 갖게 된 다음이었다. 브라질 음악, 특히 삼바와 보사노바를 듣고 그 특징을 온몸으로 받아들이려고 노력해본 사람들은 안다. 재즈 뮤지션들이 보사노바를 얼마나 대충 연주하는지를. 재즈 뮤지션에게는 곡의 멜로디와 코드 진행을 가져다가 그 위에 자신의 상상력을 더해 즉흥연주로 가득 채우는 것이 주된 관심사다. 조금 나은 이들은 주변의 연주자들이 연주하는 내용과 어떻게 하면 나의 연주를 관련지을까 생각한다. 그 과정에서 어떤 음악적인 감정을 담아 관객에게 전달할 것인가 생각한다면 더할 나위 없다. 그 정도면 아주 훌륭한 음악이 만들어진다. 하지만 어떤 문화권이 가진 전통에 대한 존중respect이 조금 더 필요한 때가 있다. 보사노바를 연주할 때도 그렇다.

그런 면에서 조 헨더슨의 [Double Rainbow]는 아주 훌륭한 참고 자료가 된다. 마치 LP에서 A면과 B면을 구분하듯이 하나의 음반 안에 두 가지 명확하게 다른 녹음 세션이 들어 있다. A면은 조 헨더슨이 브라질 출신의 리듬 섹션과 함께 연주하고, B면은 조 헨더슨이 재즈 리듬 섹션과 연주한다. A면의 연주자는 엘리아니 엘리아스를 제외하고는 나 같은 재즈 팬들에게는 낯선 이름의 브라질 뮤지션들이다. 그에 비해 B면은 잭 디조넷, 크리스찬 맥브라이드, 존 스코필드 그리고 허비 행콕에 이르기까지 그야말로 올스타 재즈맨으로 채워져 있다.

지극히 다른 두 밴드가 공유하고 있는 건 리더인 조 헨더슨이 안토니오 카를로스 조빔의 곡을 연주한다는 사실뿐이다. 두 리듬 섹션은 지극히 다른 태도로 곡을 연주하고 또 동시에 조 헨더슨의 솔로를 뒷받침한다. 하나는 꾸준히 리듬 그 자체를 연주하는 것만으로도 얼마든지 감정의 깊이를 가질 수 있다는 것을 보여준다. 다른 하나는 활화산처럼 다 같이 불타오르기를 주저하지 않아서 한 곡이 끝나고 난 뒤에 돌아보면 어느새 먼 길을 와버렸다는 느낌이 든다.

말년의 조 헨더슨의 연주는 정말로 놀라운데, 젊은 시절의 거친 느낌이 매끈하게 다듬어진 채로 끝없이 아름다운 멜로디를 끌어낸다. 그의 테너색소폰 음색은 가볍다고 해야 할 텐데, 그렇다고 텅 빈 느낌이 아니라 오히려 깊이 있게 꽉 찬 채로 부드러운 소리이다. 100년이 넘는 역사를 되짚어봐도 테너색소폰에서 이만큼 아름다운 음색을 찾아낸 사람은 드물다.

비슷한 시기에 조 헨더슨이 듀크 엘링턴의 오른팔이던 작곡자 빌리 스트레이혼의 곡으로 채운 음반 [Lush Life] 역시 훌륭하다. 조 헨더슨 [Big Band] 음반도 기분 좋게 들었었다. 하지만 누가 뭐래도 내게는 조빔의 곡을 연주한 [Double Rainbow]가 조 헨더슨 음반의 정수이다.

그중에서도 첫 곡, 〈A Felicidade〉는 조 헨더슨의 솔로를 줄줄 따라 부를 수 있을 만큼 듣고 또 들었다. 뚠뚠뚠뚠, 하며 탐탐을 하나씩 치는 것으로 시작되는 브라질 리듬 섹션의 삼바 그루브는 그 자체로 너무도 아름답고, 조 헨더슨 역시 그 위에서 마음껏 상상력을 펼치며 멜로딕한 솔로를 하고 있다. 좋은 느낌의 그루브를 지속하며 긴장감을 유지하는 것만으로도 얼마든지 솔로 주자가 몇 코러스든 즉흥연주를 지속할 만큼의 충분한 영감을 제공할 수 있다는 건 어찌 보면 놀라운 일이다. 이내 분위기를 가라앉혀서 우리가 생각하는 보사노바의 전형과도 같은 사운드를 가진 〈Dreamer〉가 이어진다. 세련되고 낭만 가득한 음악이라 그 누구라도 기분 좋게 들을 수 있을 것이다. 그렇게 한 면의 음악이 브라질 음악 자체와 재즈 솔로가 아름답게 조우하는 장면을 연출한다.

그렇게 몇 곡을 듣고 난 뒤 B면에 이르면, 재즈 올스타들은 안토니오 카를로스 조빔의 음악을 자신의 음악인 양 가로채 강렬하게 이야기를 펼친다. 〈Triste〉에서의 허비 행콕은 마치 마일스 데이비스와 함께하던 시절을 기억하듯이 조금도 물러서지 않고 놀라운 에너지를 뿜어내며 이리저리 새로운 가능성을 거침없이 탐색하고 있다. 출발점은 분명 브라질 음악이었는데, 몇 분 지나고 나니 그 흔적은 무척 흐릿해져 있고 강렬한 재즈 연주의 정수가 펼쳐진다. 역시나 드러머 잭 디조넷과 조 헨더슨, 허비 행콕 사이의 교감은 멋지다.

이들은 안토니오 카를로스 조빔의 곡을 가져다가 느긋한 미디엄 스윙으로 연주하기도 하고, 조금 더 템포가 있는 스윙으로 연주하기도 한다. ⟨Photograph⟩나 ⟨No More Blues⟩에서 그런 접근을 잘 들어볼 수 있다. 어찌 보면 '이렇게 한번 해볼까?' 하는 생각에 조금의 거리낌도 없어 보인다고나 할까, 당당하고 자신만만하다. 하긴 그들이 바로 재즈 그 자체인 사람들이니 그럴 만도 하다. 아마도 그들의 머릿속에는 '안토니오 카를로스 조빔의 곡을 가져다가 우리 방식대로 연주해보자' 하는 생각이 가득했을 수 있다. 어차피 브라질 음악 스타일을 재현하는 것은 다른 리듬 섹션의 몫으로 정해져 있었으니, 어설프게 흉내를 내는 것보다 반대 방향을 선택하는 것이 그들에게는 더 좋았을 것이다.

그리고 또 한참이 지나 조 헨더슨의 ⟨Blue Bossa⟩를 다시 듣는다. 예전에는 재즈 뮤지션들이 '브라질 음악이라는 거, 대충 이런 거 아냐?' 하면서 적당히 가져다가 자기네 방식으로 연주해버리는 것이 무척이나 거슬렸었다. 하지만 이제는 이렇게나 명확한 스타일을 가진 한 곡을 만들어내는 것이 얼마나 어려운 일인가에 더 주목하게 된다. 질투심에 가득 차 어떻게든 흠을 잡으려던 태도에서 벗어나, 조금씩 그들의 성취가 얼마나 대단한 것이었나 새삼 감사하는 마음으로 받아들이게 됐는지도 모르겠다. 그렇게 꽤나 달라진 마음가짐으로 듣는 〈Blue Bossa〉는 역시 참으로 아름다운 음악이다.

Double Rainbow:
The Music of Antonio Carlos Jobim

Joe Henderson | Verve, 1995

1. **Felicidade** (Antonio Carlos Jobim) – 4:45

2. **Dreamer** (Antonio Carlos Jobim) – 5:24

3. **Boto** (Antonio Carlos Jobim) – 6:35

4. **Ligia** (Antonio Carlos Jobim) – 4:31

5. **Once I Loved** (Antonio Carlos Jobim) – 5:22

6. **Triste** (Antonio Carlos Jobim) – 5:28

7. **Photograph** (Antonio Carlos Jobim) – 5:01

8. **Portrait in Black and White** (A.K.A. Zingaro)

/(Antonio Carlos Jobim) – 5:17

9. **No More Blues** (Antonio Carlos Jobim) – 6:39

10. **Happy Madness** (Antonio Carlos Jobim) – 3:12

11. **Passarim** (Antonio Carlos Jobim) – 5:38

12. **Modinha** (Antonio Carlos Jobim) – 4:33

Joe Henderson – tenor saxophone | **Eliane Elias** – piano (tracks 1-4) | **Oscar Castro-Neves** – guitar (tracks 1, 2, 5) | **Nico Assumpção** – bass (tracks 1-4) | **Paulo Braga** – drums (tracks 1-4) | **Herbie Hancock** – piano (tracks 6-11) | **Christian McBride** – bass (tracks 6-9, 11, 12) | **Jack DeJohnette** – drums (tracks 6-7, 9, 11)

지금,

여기에서 길을 잃기

05

인스타그램이 대세가 된 지도 오래다. 어쩌면 인스타그램마저도 한물간 다음인데 나만 눈치채지 못하고 있는 건지도 모른다. 트위터와 페이스북(사실 그 이전에는 마이스페이스라는 것도 있었는데)은 열심히 했었다. 나의 정서와 그 시절이 맞아 들어가는 듯했다. 하지만 인스타그램은 달랐다. 이미지가 중심이 되어 그 자체로 이야기를 만들어낼 수 있어야 했다. 쉽게 말하자면 사진을 잘 찍는 기술이 필수적이란 얘기다. 나처럼 긴 글로 장황하게 말하는 이들을 위한 플랫폼이 아니었다. 그래도 꾸역꾸역 사용하고 있다. 굳이 10대, 20대들의 삶을 엿볼 생각은 없지만, 그보다 조금 위의 세대들도 인스타그램으로 세상과 대화하고 있으니까. 그렇다고 해도 틱톡까지 따라갈 생각은 없다. 틱톡이 요즘 시대에 발맞추기 위해 필수적인 플랫폼이라고 한다면 그냥 뒤처지고 말 생각이다.

젊음이란 멋지고 힙한 공간을 찾아 모여들기 마련이고, 그런 곳에 그들만의 아지트를 만들곤 한다. 그러다가 제법 소문이 나고 알려지게 되면 조금 낡은 취향의 사람들이 섞여 들기 시작한다. 그러면 젊음은 슬쩍 자리를 피한다. 젊은 시절의 나도 그랬으니 이제 와서 굳이 억울해하지는 않는다. 그때 어른들은 이런 감정이었겠구나, 하며 이해할 수 있게 되었다는 것 정도다. 세상은 젊음을 숭배하고, 우리는 모두 한때 그 시기를 누리고는 어느새 주변으로 밀려 나간다. 10년쯤 전이었을 것 같은데, 페이스북에서 잠시 바이럴로 돌아다니던 영상 얘기를 하려다가 다른 얘기가 새어나와 버렸다.

브라이언 블레이드는 웨인 쇼터, 다닐로 페레즈, 존 패티투치와 함께 연주하는 중이었다. 멋진 공연장에서의 가슴 벅찬 공연이었겠지만, 그걸 담은 영상은 화질이며 음질이 엉망이었다. 10년쯤 전이니 당연한 일이다. 지금 기준으로 보자면 성능이 아주 떨어지는 스마트폰 카메라로 촬영한 것 같다. 아마 공연장 스태프의 눈을 피해 조심스럽게 찍었을 것이다. 2분 정도 될까, 길이도 짧았다. 영상에는 '웨인 쇼터 콰르텟, SF Jazz 어쩌고…' 하는 제목이 달려 있었던 것으로 기억한다.

SF면 샌프란시스코다. 한동안 많은 이들이 선망해오던

도시. 스탠포드와 빅테크 기업들 덕분에 정신없이 변해가는 세상을 그보다도 몇 걸음 앞서 달려나가는, 역동적인 에너지가 깃든 곳이었다. 여전히 샌프란시스코가 많은 이들에게 희망 가득한 도시이던 시절, 웨인 쇼터 콰르텟은 예의 그 추상적인 재즈를 연주하고 있었다. 딱히 어디부터가 곡인지 좀처럼 알기 어렵지만 그렇다고 곡이 아닌 것도 아닌 것 같은, 그런 느낌의 재즈 연주 말이다. 굳이 장르로 구분 짓는다면 프리재즈라고 해야 할 것이다. 네 멤버의 이름을 떠올리면서 그들을 프리재즈 연주자라고 생각할 이들은 많지 않을 것 같은데, 정작 그들이 한데 모여서 연주하는 음악은 제법 프리한 연주다.

다닐로 페레즈는 처음 웨인 쇼터의 밴드 멤버로 발탁이 되고 난 다음 첫 공연을 앞두고 "우리 리허설은 안 하나요?" 하고 물었고, 웨인 쇼터는 "How do we rehearse the UNKNOWN?(알 수 없는 것을 어떻게 리허설하지?)" 하고 답했다고 한다. 지극히 웨인 쇼터다운 대답이다. 미스터리한 느낌이 없으면 웨인 쇼터의 곡이 아닌 것처럼, 그의 말에는 늘 고개를 갸우뚱하게 하는 부분이 있다.

대략 2000년 언저리, 젊은 후배들을 모아들인 웨인 쇼터는 좀 더 명확하게 곡을 가지고 연주했었다. 최소한 그들의 [Footprints Live!] 음반에서는 그랬다. 〈Sanctuary〉, 〈Aung San Suu Kyi〉, 〈Footprints〉, 〈Juju〉… 그리고 내게는 좀 더 특별한 〈Masquelero〉 등등. 하지만 같이 연주한 시간을 쌓아가면서 그들은 점점 더 대담해지더니 곡이 없어지는 지경까지 가버렸다. 영상에 담긴 공연 때는 어땠을지 확신할 수 없긴 한데, 그래도 대충 짐작은 간다.

아마도 브라이언 블레이드가 무엇을 치는 것으로 공연이 시작되었을 것이다. 혹은 다닐로 페레즈가 그 역할을 한 날일 수도 있다. 사실 그런 건 그들에게 중요하지 않았을 것이고, 당사자들은 기억조차 하지 못할 테니 내 마음대로 상상을 해본다. 누군가가 소리를 내기 시작했다는 것만은 확실하다. 그러고는 다들 각자의 소리를 꺼내어 덧붙였을 것이다.

그들은 도대체 왜 이런 소리가 세상에 필요한가 하는 의구심을 품지 않았을 것이다. 머릿속에서 어떤 소리가 들려오면 그걸 거침없이 따라갔을 것이다. 아니, 오히려 그 정반대일지도 모른다. 지금 여기 이 공간에 이 소리가 들려야 할 이유가 있는지 확신할 수 있는 근거라고는 하나도 없으니 조금은 두려운 마음이었을 수도 있다. 하지만 그 소리를 세상에 던져보지 않고는 알 길이 없다. 마음속에 작은 떨림 같은 게 있었을 것이고, 그것을 받아들인 누군가가 먼저 말을 걸었을 것이다. 동료들에게, 관객들에게 그리고 그들 모두를 감싸고 있는 허공에게.

그렇게 그들은 마음껏 길을 잃고 헤매었을 것이다.

약속 장소에 늦지 않게 도착하려고 마음먹은 날이라면 지하철을 타야 한다. 도착 시간을 제법 정확하게 분 단위까지 맞출 수 있다. 지하철은 정해진 노선을 정해진 속도로 달린다. 계절이 바뀌고 날씨가 궂다 해도 보이는 광경은 늘 똑같다. 오직 열차 안에 있는 사람들의 모습만 달라진다. 하긴 그조차도 비슷비슷하긴 하다. 그런 게 지루하고 답답한 날이면 버스를 탄다. 같은 길을 달리는 건 매한가지지만, 그래도 휙휙 지나가는 창밖에는 제법 많은 볼거리가 있다. 종종 교통 통제를 한다거나 도로공사 현장이 있어 꽉 막힌 길에 갇혀 있어야 하는 낭패를 겪기도 한다.

하지만 새로운 걸 발견하고 싶다면 낯선 길을 걸어야 한다. 모험심이 강한 사람이라면 잘 마련된 등산로를 옆으로 하고 아예 길이 나지 않은 수풀 속으로 발을 옮길지도 모른다. 잠깐이면 괜찮아, 저기까지만 들어가보고 돌아 나오면 되니까, 하면서 말이다. 그러기에는 적지 않은 믿음이 필요하다.

아직 해가 지려면 한참 남았고, 나는 길을 잃지 않을 자신이 있으며, 체력도 충분하다는 믿음 말이다.

무대 위의 그들은 이미 몇 번이고 제대로 다져진 산길 밖으로 걸음을 옮겨봤을 것이다. 지나고 나면 별일도 아니었다는 경험이 쌓였던 모양이다. 질퍽한 진흙에 등산화가 발목까지 빠져버리는 일이나 돌부리에 걸려 넘어지는 것, 그러다가 나뭇가지에 얼굴이 긁혀 작은 흉터가 남는다거나 하는 것, 그런 것은 대수롭지 않은 일이 된다. 평범한 이라면 안전한 산길에서 발밑의 풍경을 내려다보는 것으로 족한데, 그들은 아무도 걷지 않았던 산속에서 도대체 무엇을 보았기에 기어이 그 안으로 걸어 들어가는 것일까?

영상 속의 브라이언은 다른 셋과 함께 제법 깊은 골짜기로 들어간 모양이었다. 이미 해가 기울어가는 중이었는지도 모른다. 아슬아슬하게 바위를 지나 깎아지른 듯한 산의 한쪽 벼랑을 등지고 선 때였을까, 브라이언을 지탱해주던 장비가 무너져 내리기 시작했다. 스네어 스탠드가 고장 난 것이다. 비틀비틀하던 스네어드럼은 결국 쓰러져 바닥으로 떨어져버렸다. 얼마나 심하게 두들겨댔으면 스테인리스 스틸로 만들어진 하드웨어가 견디지 못하고 주저앉아버린 건지 상상하기 쉽지 않다.

하지만 그것도 브라이언을 멈출 수 없었다. 그는 난생처음 보는 광경에 심장이 터질 것 같은 기분이었으리라. 음악은 바로 지금, 여기에 스네어드럼의 강렬한 폭발음이 필요하다고 말하고 있었다. 그 요구에 브라이언은 따를 수밖에 없었다. 브라이언은 허리를 굽혀 바닥에 떨어진 스네어를 두들겨 댔다. 그러다가 결국에는 스네어를 주워 들어 다리 사이에 끼웠다. 양손으로 쥔 스틱으로 몇 번이고, 몇 번이고 내리쳤다. 그 시점, 그때의 현재에는 그 소리가 세상으로 나와야만 했다. 브라이언은 그 광경을 보아야만 했다.

제법 깊은 밤중이었는데, 10년쯤 전의 나는 페이스북에서 이 짤막한 영상을 보며 "그래, 이게 재즈지" 하는 혼잣말을 내뱉고는 흠칫 놀랐다. 원래 평소에 혼잣말을 중얼거리는 일이 없는 사람이었으니까. 스윙 리듬도, 블루스 릭도 들리지 않는 추상적인 음악의 끝에서 나는 무엇을 발견한 것이었을까.

〈Santuary〉 Wayne Shorter
[Footprints Live!] 2002

〈Aung San Suu Kyi〉 Wayne Shorter
[Footprints Live!] 2002

〈Footprints〉 Wayne Shorter
[Footprints Live!] 2002

〈Juju〉 Wayne Shorter
[Footprints Live!] 2002

〈Masquelero〉 Wayne Shorter
[Footprints Live!] 2002

낯선 길을
함께 걷던 그들

[Footprints Live!]

Wayne Shorter Quartet

얼마 전 세상을 떠난 웨인 쇼터는 멀리서 느끼기에 미국의 인간문화재 같았다. 그는 미국 문화의 상징과도 같은 재즈를 대표하는 큰어른으로 세상에 비치고 있었다. 젊은 시절에 아트 블레이키 재즈 메신저스와 마일스 데이비스 퀸텟을 거쳤으니, 그가 가진 정통성은 두말할 필요가 없었다. 게다가 1970년대에는 제법 큰 인기를 얻은 일렉트릭 퓨전 밴드 웨더 리포트의 멤버로도 활동했는데, 스타일을 불문하고 그의 창조적인 역량은 언제나 빛을 발했다. 웨인 쇼터는 특유의 모호함과 어두운 느낌, 블루스의 흔적 등등이 뒤섞인 독특한 컬러를 지닌 곡을 지속적으로 작곡했는데, 상당수는 지금까지도 꾸준히 연주되는 재즈 레퍼토리로 자리 잡았다.

노년을 맞은 그의 핵심적인 활동은 웨인 쇼터 콰르텟을 통해 이루어졌다. 콰르텟을 구성한 후배들은 피아노의 다닐로 페레즈, 베이스의 존 패티투치, 드럼의 브라이언 블레이드로, 이미 각자의 영역에서 정점에 오른 상태였다. 하지만 웨인 쇼터 콰르텟의 멤버가 되는 것은 그들에게조차 특별한 일이었다. 존 패티투치가 지금까지의 음악 인생은 이 밴드를 위한 준비 과정과도 같다고 말할 정도였는데, 사실 전통적인 재즈와 퓨전 재즈 양쪽에서 별과 같은 이들과 협연해온 그의 경력을 떠올려보면 그게 얼마나 큰 의미를 담은 표현인지 새삼 느끼게 된다.

그렇게 시작된 웨인 쇼터 콰르텟의 초기 두어 번의 공연에서 녹음된 연주를 추려 2002년에 발매된 음반이 [Footprints Live!]이다. 시벨리우스의 곡을 가져다 편곡한 〈Valse Triste〉를 제외하고는 모두 그의 곡으로 채워져 있다. 그중에는 〈Footprints〉나 〈JuJu〉처럼 상대적으로 많이 알려진 곡이 있는가 하면 〈Sanctuary〉나 〈Masqualero〉와 같이 제법 재즈의 골수팬이어야 들어봤을 법한 곡들도 있다. 하지만 이전에 들어봤다고 해도 워낙 다른 사운드와 연주 방식으로 풀어나가고 있어서 새로운 곡을 듣는 것 같이 감상하게 된다.

〈Sanctuary〉는 마일스 데이비스의 [Bitches Brew]에 수록되어 있었는데, 두 버전 모두 워낙 알 수 없는 모호한 느낌이 가득하게 연주되어 있어서 한두 번 들어보았다고 해도 기억에 잘 남지 않는다. 그런 곡을 가져다가 같은 곡이라고 생각하기 어려울 정도의 다른 사운드와 편성으로 연주했다. 곡은 잘 파악이 되지 않지만, 무언가 심상치 않은 일이 일어날 것만 같은 불길한 감정이 명확하게 일어난다.

　군이 장르를 빌려 말하자면 아방가르드 재즈 혹은 프리 재즈적인 성향이 많이 있다고 할까, 주제가 되는 멜로디와 화성을 명쾌하게 제시한 뒤 그 위에 각자의 솔로를 펼쳐나가는 전통적이고 전형적인 접근을 취하지 않는다. 그렇다고 또 아무것도 없는 바닥에서부터 출발하는 것은 아니고, 매 곡이 연주자들의 눈앞에 있지만 어떻게 하면 본모습을 숨겨놓고 슬쩍슬쩍 흐릿하게 암시해가며 끌고 갈지 고민하는 것 같은 느낌의 연주이다. 그렇게 추상적인 이미지가 덧입혀져 있다. 대신 멤버들 사이의 긴밀한 대화는 극도로 고조되어 있는데, 아슬아슬한 긴장감을 유지한 채로, 그러나 거침없이 과감하게 표현의 폭을 끝까지 밀어붙이는 연주는 왜 이 콰르텟이 특별했는가를 명확하게 보여준다.

　첫 곡 〈Santuary〉와 〈Masqualero〉는 같은 날 연주된 곡

들인데, 실제 공연에서 두 곡을 이어서 연주했는지는 알 수 없다. 하지만 두 곡이 이어지는 흐름은 너무도 훌륭한데, 답이 없는 질문만 계속 던지는 듯한 〈Santuary〉를 거치고 나서 듣게 되는 두 번째 곡 〈Masqualero〉는 이 음반에서 가장 빛나는 순간을 가득 담고 있다고 생각한다.

　귀에 남는 명확한 멜로디 없이 꽤 긴 시간 동안 리듬의 수면 위에서 떠돌던 첫 곡과는 정반대로, 웨인 쇼터는 명확한 리듬에 담긴 짧은 모티브를 연주하는 것으로 〈Masqualero〉를 시작한다. 그것을 듣고는 나머지 멤버들이 이내 공격적인 첫 박을 터뜨리는데, 그 다이내믹의 대조가 듣는 이를 휘감는다. 이들은 하나의 코드 위에 머물러 알듯 말듯 한 리듬을 한동안 연주하다가 다음 코드로 진행한다. 기껏해야 두세 개의 코드와 짤막한 멜로디의 조각으로 이동하는 것으로 기가 막히게 장면의 변화를 연출하고 있다. 다닐로 페레즈의 피아노 솔로를 거쳐 웨인 쇼터의 색소폰 솔로 중반에 이르기까지 제법 흥미로운 연주가 펼쳐지지만, 어느 시점에 들어서서 갑자기 놀라운 일이 일어나기 시작한다. 이 곡이 연주된 지 6분도 지난 다음에 갑자기 브라이언 블레이드의 머릿속에 어떤 폭풍과도 같은 소리가 들려왔다. 이리저리 배회하던 그가 라이드심벌로 직진하기 시작하자 이내 다닐로 페레즈는 라틴 피아노

몬투노의 영향을 받은 복잡한 연주로 밴드의 에너지를 단숨에 여러 계단 끌어올려버렸다. 그러자 웨인 쇼터의 솔로는 더 이상 솔로가 아닌 단말마의 비명과도 같이 변해버리면서 극적인 결말을 향해 달려간다. 워낙 긴장감이 높고 자극적인 연주라 그런지, 이 두 곡을 듣고 나면 집중력을 유지한 채 다음 곡들을 감상하기 쉽지 않다. 이것만으로도 충분한데 싶을 정도의 압도적인 음악이다.

뒤에 따라오는 곡들은 추상적인 이미지를 그려내는 식의 음악을 풀어가는 방법의 유사성은 공유하고 있지만 아무래도 한숨 가라앉은 듯한 연주다. 그렇다고는 해도 평범한 재즈 밴드들이 풀어가는 음악의 다이내믹과는 큰 차이가 있다. 〈Go〉에서 '저 사람들이 지금 무슨 생각을 하고 있는 거지?' 하는 궁금증을 갖고 지켜보고 있자면 무척이나 흥미로운 방향이 들려온다. 〈Aung San Suu Kyi〉는 멜로디도 코드 진행도 블루스를 명확하게 제시하고 있으니 곡의 도입부는 사람들을 집중시키기에 수월하다. 다른 곡에 비해 긴 8분음표나 16분음표의 연속으로 솔로 주자가 주도적으로 음악을 끌고 나가는 면도 조금 더 강조되어 있다. 리듬 섹션과 거침없는 대화를 지속하는 콰르텟의 유기적인 성향은 조금도 잃지 않은 채로.

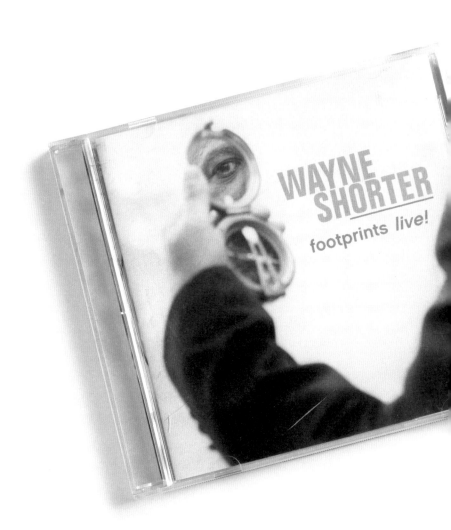

Footprints Live!

Wayne Shorter Quartet | Verve, 2002

1. Sanctuary(Wayne Shorter) - 5:31

2. Masqualero(Wayne Shorter) - 8:28

3. Valse Triste(Jean Sibelius, arr. by Shorter) - 7:59

4. Go(Wayne Shorter) - 5:01

5. Aung San Suu Kyi(Wayne Shorter) - 9:28

6. Footprints(Wayne Shorter) - 7:55

7. Atlantis(Wayne Shorter) - 8:28

8. JuJu(Wayne Shorter) - 10:39

Wayne Shorter_saxophone | Danilo Perez_piano
John Patitucci_bass | Brian Blade_drums

협상의
　　기술

06

켄 번즈의 'Jazz'라는 다큐멘터리를 접한 건 미국 유학 시절이니까 2000년대 초반이었다. 재즈학과의 대학원생으로 석사 과정을 하던 중이니, 교수님이든 친구들이든 매주 한 회차씩 방영되던 다큐멘터리를 제법 기다려가며 보았다. PBS(Public Broadcasting Service)라는 채널에서 방송되었는데, 공영방송이라 가능했었을 것이라 짐작해본다.

나중에 알게 된 사실이지만, 켄 번즈는 유명한 다큐멘터리 감독이고 'Jazz' 이전에도 'The Civil War', 'Baseball' 등을 통해 미국 사회를 들여다보는 작업을 계속해왔다고 한다. 그가 원래 재즈에 대해 깊은 애정을 가진 사람이었는지까지는 알 수 없었다. 그저 나는 존경하는 이들의 모습을 한가득 접하게 되리라는 기대로 10부작 영상을 꼼꼼히 보았었다.

재즈의 역사를 다루는 다큐멘터리니까 흑백 영상으로

가득한 건 당연한 일이었다. 1900년대 초의 음악이 화면 뒤로 가득하다. 베시 스미스가 부르는 블루스나 루이 암스트롱의 노래와 트럼펫 연주, 제임스 P. 존슨의 스트라이드 피아노 같은 그야말로 고색창연한 음악이다. 사진과 영상 자료를 보면서 그들이 살아가던 시대의 미국 사회를 나도 모르게 조금 엿보게 된다.

하지만 10부작의 6부가 다 지나가도록 그저 루이 암스트롱이며 듀크 엘링턴 같은 그 옛날 얘기만 계속 반복하고 있어서 크게 실망했었다. 100년 정도의 역사를 가진 재즈를 들여다보는 다큐멘터리인데 왜 초기 30~40년간만 저렇게 계속 반복해서 이야기하고 있는지 이해할 길이 없었다. 당시 나의 관심사는 최근의 재즈였으니 답답하기만 했다. 빨리 진행해야 1990년대의 조슈아 레드맨이나 브래드 멜다우까지 언급할 수 있을 텐데, 하는 생각이었다. 하지만 감독은 본론의 절반쯤까지 겨우 이야기를 하다 시간이 모자라 대충 마치게 되는 서투른 발표자 같았다.

재즈의 역사는 꼭 먼 옛날의 이야기여야 하나 하는 질문을 하지 않을 수 없었다. 우리 세대, 혹은 가까운 세대의 이야기는 관심의 대상조차 되지 못한다는 생각에 제법 소외감을 느꼈다. 찰리 파커와 디지 길레스피가 연주하던 1940년대 후반, 사람들은 킹 올리버며 빅스 바이더벡, 시드니 베쉐 같이 그 전 세대를 수놓은 뉴올리언스 음악인들만 추앙하고 있었을까?

마일스 데이비스는 1962년에 이미 다운비트의 Hall of Fame, 명예의 전당에 올랐다. 그때면 재즈 역사상 가장 훌륭한 앙상블 중 하나라고 다들 인정하는 마일스의 60년대 퀸텟 – 웨인 쇼터, 허비 행콕, 론 카터, 토니 윌리엄스로 구성된 – 은 아직 시작도 하지 않았을 때라는 얘기다. 물론 [Birth of The Cool]이나 [Kind of Blue] 정도라면 명예의 전당에 오르기에 충분하다고 생각하긴 하지만.

그 당시의 재즈 팬들은 과거를 회상하는 것이 아니라 현재를 살아가며 일어나는 역동적인 변화를 몸으로 느끼고 받아들이고 있지 않았을까? 마일스 데이비스가 새로 발매하는 음반을 들으며 감동하거나, 몇 번은 충격을, 두어 번은 배신감을 느끼면서 말이다. 현대의 재즈 커뮤니티는 지난날의 화려하던 시절만 지독하게 곱씹고 있는 것은 아닐까? 지금, 우리의 음악은 그렇게나 가치 없는 것인가? 나 자신이 현대를 살아가는 재즈 연주자이다 보니 아무래도 남다르게 느낄 수밖에 없다.

이제는 조금 여유로운 마음으로 '어쩌면 감독은 균형감

있게 재즈의 역사를 조망하는 것 따위에는 관심이 없었을지도 모르지. 재즈라는 렌즈를 통해 미국 사회와 역사, 그 안에서 살아가는 사람들을 바라보고 조금 더 이해하고 싶었던 것인지 모르겠네.' 하고 받아들인다. 내가 세운 기준으로, 개인적인 기대를 투영해서 작품을 감상하고 평가하는 태도를 조금씩 덜어내려 노력한 덕이다. 대상 자체에 집중하려 애쓰고, 대상과 상호작용을 하는 스스로를 관찰한다. 어떤 작품이 불편하거나 불만족스러울 때면, 그 작품이 부족한 것도 실제의 이유일 수 있지만, 많은 경우에 나의 기대가 만들어낸 실체 없는 대상과의 비교를 통한 비판이라는 걸 깨달았기 때문이다. 크고 작은 창작 활동 주변에서 살아가다 보니, 부족해 보이는 작품 하나라도 꾸준히 쌓아가며 자신의 작품 세계를 구축해나가는 것이 더 의미 있게 느껴진다.

20년 전에는 그리 달갑지 않던 'Jazz'를 다시 보게 된 건 수업 준비 때문이었다. "역사 수업을 하고 있기는 해도, 나 역시 여러분과 조금도 다를 것이 없는 연주자(역사학자가 아닌)입니다." 하는 변명으로 매 학기를 시작하지만, 아무래도 좀 껄끄러운 기분이 들어 매번 이런저런 자료를 찾아보고 생각을 정리해본다. 역사책이든 다큐멘터리 영상이든 대체로 늦은 밤에 꾸벅꾸벅 졸면서 보니까 몇 번 봤다고 해도 기억나지 않는 게 많아서 늘 새로운 기분이다.

뻔한 역사적 사실 관계를 나열하기보다 고민해볼 만한 논점을 찾아 같이 이야기하는 방향으로 한다. "재즈를 전공하는 대학원생이라면 재즈의 역사 전반에 걸친 흐름 정도는 이미 잘 알고 있으리라고 가정해도 괜찮겠죠? 굳이 10년 단위로 끊어서 스윙, 비밥, 하드 밥, 이런 얘기를 하고 있을 필요는 없을 것 같습니다. 만약 그 정도의 시대 구분이 잘 안 되어 있다면 다음 시간까지 몇몇 교재를 보고 시대의 흐름을 파악해 두고 오면 좋겠네요." 그러면 학생 중 반 정도는 마지못해 고개를 끄덕이고, 나머지 반 정도는 애매한 표정을 짓는다. '재즈의 역사'라는 강의명을 듣는 순간 그들은 또 뉴올리언스며 래그타임 얘기로 시작하겠지, 옛날 음악 듣다가 한 학기 다 지나갈 텐데, 하는 생각을 했을 것이다.

대신 나는 재즈의 본질적인 요소라고 믿는 것을 깊이 있게 들여다볼 수 있는 곡과 인터뷰 영상 등을 주제에 맞게 구성한다. 그러고는 나와 학생들을 믿고 수업을 임프로바이즈한다. 오늘 수업도 잘해낼 수 있을 거야, 하는 믿음을 갖고 강의실에 들어서려 하지만 결국 심장이 평소보다 조금 더 빨리 뛰는 것을 느낀다. 어느 날은 이야기가 잘 풀려가기도 하고,

다른 날에는 조금 뻑뻑한 느낌이 들기도 한다. 지난 학기와 구성원이 바뀌었고, 지난주와는 친밀도가 달라져 있으니 당연한 일이다. 다큐멘터리 'Jazz'의 1화에 등장하는 윈튼 마살리스의 이야기를 같이 보고 이야기를 나누는 건 벌써 3, 4주 정도 수업이 진행된 다음이라 구성원 간에 긴장감은 많이 사라진 뒤다.

윈튼 마살리스는 'Jazz'의 첫 편부터 반복해서 등장하며 전체 다큐멘터리를 이끌어가는 전문가 패널 같은 역할을 한다. 게다가 워낙에 탁월한 이야기꾼이기도 하다. 다큐멘터리 초반에 나오는 "… that negotiation is the art"라는 윈튼 마살리스의 말에 눈이 확 떠진 건 두어 해 전인데, 그 이후로는 꼭 비중 있게 다루는 대목이 되었다.

예전에 봤을 때는 빨리 좀 지나갔으면 하고 지루해하던 대목이었는지 전혀 기억이 없던 말인데, 무슨 이유인지 갑자기 저 말이 내게 훅하고 다가왔다. 영화도 그렇고 책도 음악도 마찬가지인데, 작품은 늘 같은 모양으로 그 자리에 있지만 내가 어떤 생각을 하고 있는가, 무슨 관심사에 정신이 팔려 있는가에 따라 늘 다른 부분이 보이고 들린다.

"… The innovation of jazz is, that a group of people come

together and create art, improvised art and can negotiate their
agendas with each other. And that negotiation is the art."

– Wynton Marsalis

"… 재즈의 혁신이라면, 여럿의 사람들이 모여들어서 즉
흥으로 예술 작품을 만들어갈 때, 각자가 가진 의제를 협상해
가면서 창작해나갈 수 있다는 점이다. 그 협상의 기술이 바로
예술이다."

-윈튼 마살리스

오랫동안 내가 잘 연주할 수 있을 만큼 성장하고, 또 그
만큼 잘 연주하는 이들을 만나면 음악이 술술 풀려갈 것으로
생각해왔다. 그러니 내가 원하는 만큼 음악이 잘 그려지지 않
을 때면, 부족한 자신을 질타하거나 같이 연주하는 주변 사람
들에게 짜증을 내곤 했다. 나름대로 참고 누그러뜨리려 애는
썼지만 다 드러났을 것이다. 생각해보면 제법 부끄럽다.

현실 세계의 재즈 연주에서 내 머릿속에 들어온 듯이 박
자를 공유하며 자유롭게 표현하는 드러머를 만나는 경우도
있지만, 거의 대부분의 경우에는 끊임없는 미세 조정이 필요
하다. 한동안 잘 풀려가다가도 으응? 하며 갸우뚱해지는 게

일상이다. 물론 나의 연주 역시 그들에게 마찬가지일 것이다. 아니면 솔로 주자가 음악을 끌고 가는 방향이 내 생각과 전혀 다를 수 있다. '왜 저렇게 혼자서 벽을 쌓고 있는 거지' 하는 느낌을 주는 동료 연주자와 무대 위에 함께 서는 게 더 흔하다. 정말 놀라운 즉흥연주를 끝도 없이 뽑아낸 뒤 그저 시큰둥한 표정으로 다른 이들의 연주가 지나가기를 기다리고 있는 이들과 함께해야 하는 상황도 온다. 내가 겪은 좌절을 다른 이들도 겪어온 탓일 것이다.

하지만 윈튼 마살리스는 네고시에이션, 다시 말해 설득과 타협, 협상의 기술이 재즈라고 했다. 나는 그 얘기를 20년 정도 외면하다가 이제야 받아들이게 되었다. 협상의 기술이 곧 재즈라면, 주변에 타인이 있으며 그는 나와 다른 생각을 가지고 있다는 것을 전제로 한다. 그래야 서로 설득하고 타협하는 과정을 거쳐 협상이 완결되는 것일 테다. 당연히 어려운 일이다. 쉬운 합의에는 별다른 기술이 필요하지 않다.

어쩌면 즉흥연주라는 것의 본질이 네고시에이션인지도 모른다. 내가 노래하고 싶은 멜로디와 주어진 원곡 사이의 타협, 그게 즉흥연주이고 재즈일 테니까. 어떤 곡이 주어지고, 나는 그걸 바탕으로 내가 그 시점에 노래하고 싶은 소리를 찾아 그 위에 던져놓는다. 무작정 다른 길로 갈 수는 없다. 주어진 조건과 그 순간 마음을 움직이는 직관 사이에 타협점을 찾아야 한다. 그 과정을 혼자 수행하는 것이 아니다. 나를 둘러싼 이들과의 대화가 전제된 것이 재즈에서의 즉흥연주이다.

　쉬운 합의가 아니라 끈질긴 협상 뒤의 타협, 나와 다른 존재를 인정하고 그것을 받아들이되 나의 나 됨은 잃지 않으려는 투쟁, 그 힘겨루기가 만들어내는 예기치 못한 결과가 art of negotiation, 협상의 기술이며 곧 재즈란 얘기다. 뒤늦게나마 나는 그 협상의 기술을 갈고닦아야 한다, 그것이 재즈의 본질임을 인정한다면.

서로
다른 생각

[The Water Is Wide]

Charles Lloyd

찰스 로이드를 그렇게 좋아한 건 아니었다. 솔직하게 얘기하면 살짝 비호감 비슷한 감정을 가지고 있었다. 키스 자렛의 음반을 하나하나 찾아 듣다가 결국 찰스 로이드를 만나게 되었는데, 정작 리더인 찰스 로이드에게는 무언가 거슬리는 게 있었다. 당시의 찰스 로이드는 젊다 못해 어린 시절의 키스 자렛과 잭 디조넷의 연주를 등에 업고 재즈계에서 제법 인기를 얻었으니 내 눈에는 그다지 곱게 보이지 않았다. 천재적인 재능을 가진 젊은 친구들을 재빠르게 영입해서 잘 활용했다고나 할까. 물론 내가 찰스 로이드의 연주력을 가타부타 논할 수준은 아닐 것이고, 그저 나와는 취향이 잘 맞지 않는 것이

었겠지만 말이다. 그들이 함께 연주하던 시절은 1960년대 중
후반 정도였고, 찰스 로이드의 콰르텟은 재즈 중에서도 제법
추상적인 음악으로 향해가던 중이었다.

아나나 다를까, 키스 자렛과 잭 디조넷은 그 이후로도 천
재적인 역량을 마음껏 펼치며 재즈 역사의 중심에 서서 수많
은 음반과 연주를 통해 다양한 스타일을 만들어갔다. 하지만
한때 그들을 거느렸던 찰스 로이드는 재즈 팬들의 시야에서
이내 사라져버렸다. 드문드문 사이드맨으로 이름이 보이는
정도였다. 건강상의 이유가 있다고 했지만 그것만은 아니었
을 것이다. 그러던 그의 음반 [The Water Is Wide]를 찾아 듣
게 된 건 오로지 브래드 멜다우 때문이었다.

1999년의 찰스 로이드는 여전히 똑같은 방식으로 음악
을 만드는 모양이었다. 젊은 친구들 중에 제일 뛰어난 이를
데려다가 슬쩍 그들의 등에 업혀가듯 연주하는 것 말이다.
1960년대 후반에는 키스 자렛, 1990년대 후반에는 브래드 멜
다우라니, 어떤 패턴이 느껴졌다. 그럼에도 브래드 멜다우가
자신의 트리오 때와는 달리 슬쩍 힘을 뺀 상태로 한 연주를
들을 수 있다는 건 좋았다.

이 음반에서는 신구 세대가 대등한 비중으로 참여했
다는 점이 눈에 띈다. 찰스 로이드와 함께 나이가 지긋해

진 백전노장의 드러머 빌리 히긴스가 한 축을 담당한다. 빌리 히긴스라면 허비 행콕의 [Takin' Off]나 리 모건의 [The Sidewinder]에서의 연주가 먼저 떠오른다. 기술적으로는 별거 없는 것 같은데도 듣다보면 일단 기분이 좋아지는 그야말로 마법의 드러머이다. 게다가 오넷 콜맨이 프리재즈를 시작하던 당시에도 함께했으니 제법 재즈 역사의 중요한 시점에 계속 등장한 베테랑이라고 할 만하다.

그에 비해 피아노를 연주하는 브래드 멜다우는 1970년생이고, 베이스의 래리 그래나디어는 그나마 나이가 조금 더 있어서 1966년생이다. 1930년대에 태어난 두 할아버지와는 30년 이상의 거리가 있다. 기타의 존 애버크롬비가 1944년생이니까 그와도 한 세대 이상 차이가 난다. 이쯤 하면 음반 녹음을 위해 적당히 수소문해서 모은 멤버들이 아닐지 의심하게 된다. 아무리 우리보다 나이를 덜 의식하는 미국 문화권에서라도 30대와 60대 사이에는 적지 않은 거리감이 느껴질 테니까.

음반이 가진 무드는 격정적이고 거친 아프리카계 흑인의 정서와는 달리 정적이고 낭만적인 면이 두드러진다. 역시나 ECM 레코드사는 한결같은 정서를 담아내는 데에 성공하고 있다. 수록곡을 살펴보면, 젊은 시절의 찰스 로이드와는 달리 듀크 엘링턴의 〈Black Butterfly〉나 듀크 엘링턴의 오른팔 역할을 하던 빌리 스트레이혼의 곡 〈Lotus Blossom〉 같은 고전적인 재즈곡들과 함께 〈The Water Is Wide〉나 〈There Is A Balm In Gilead〉 같은 전통적인 곡들이 찰스 로이드의 자작곡들과 함께 녹음되어 있다. 다시 말해 새롭고 난해한 음악으로 채워진 음반이 아니라, 그 정반대의 방향인 음반이다.

개인적으로 이 음반의 백미는 첫 곡 〈Georgia〉라고 생각하는데, 가장 매력적인 곡을 음반의 첫머리에 수록한 게 최선의 선택이었는가 하는 의문은 남는다. 그다음 곡으로 넘어가지 않게 하는 면이 있으니까 말이다. 물론 음반 전체를 쭉 틀어놓고 천천히 듣는다고 해도 충분히 기분 좋게 감상할 만하지만.

연주는 브래드 멜다우의 솔로 피아노 인트로로 시작한다. 클래시컬하다고 할까, 단정하고 조금은 깊은 슬픔의 정서가 깔려 있는 몇 마디가 지나고 나면 원곡이 들려온다. 드럼과 베이스가 등장하고 이내 음반의 주인공인 찰스 로이드가 멜로디를 분다.

이들의 세대 차이는 이 곡과 같은 발라드에 접근하는 방식에서 확연히 드러나는데, 빌리 히긴스는 지극히 전통적인 옛날 방식으로 발라드를 연주하려고 했다. 옛날 옛적, 아직 재즈가 댄스 음악이던 시절을 가정하는 발라드는 여전히 사람들이 음악에 맞춰 스텝을 밟을 수 있을 정도의 템포까지만 느려질 수 있었다. 혹시 그보다 더 느린 템포라면 더블 타임 필을 바닥에 깔아주어 여전히 사람들이 춤을 출 수 있게 했었다. 그 시절을 살아낸 빌리 히긴스는 짧은 브래드 멜다우의 솔로 피아노 인트로 뒤에 바로 8분음표를 연주했다. 원곡의 템포보다 두 배 빠른 느낌을 제시해서 그 새로운 박자에 사람들이 발을 맞출 수 있게 연주한다는, 지극히 전통적인 발라드 연주 방식이다.

하지만 재미있는 건, 아무도 그의 리드를 따라오지 않는다는 점에 있었다. 침착한 발라드의 분위기를 셋업한 브래드 멜다우는 물론이고, 멜로디를 담당한 찰스 로이드 역시 굳이 빌리 히긴스의 더블 타임 스윙 필을 따라가지 않았다. 아마도 한 스튜디오 안에서 브래드 멜다우는 콘서트홀을, 빌리 히긴스는 댄스 플로어를 상상하고 있었는지 모를 일이다. 둘 사이에 끼어 있는 래리 그래나디어의 베이스는 더블 타임 스윙 필을 연주하기도 하고 발라드를 연주하기도 하며 둘 사이의 공간을 채운다.

그렇게 한 코러스의 멜로디를 지나 브래드 멜다우의 피아노 솔로가 시작된다. 그때쯤이면 빌리 히긴스의 '이제는 정말 스윙으로 가야 하지 않겠어?' 하는 목소리가 들릴 지경이다. 조금씩 조금씩, 브래드 멜다우의 피아노가 움직인다. 어느새 연주는 발라드에서 더블 타임 스윙으로 넘어가 있다. 언제 바뀌었는지 그 시점을 말하기 어려울 정도로, 점진적이고, 부드럽게 전환한 것이다. 피아노 솔로의 중반부쯤, 곡의 브리지에 도달해 브래드 멜다우는 블락 코드를 연주하고 빌리 히긴스는 이에 기뻐 화답한다.

지금으로부터 10년도 전에 나는 이런 감상을 적었었다.

"…이게 싫었다. 난 발라드는 발라드로 연주하는 게 좋거든. 멜다우도 버티다 버티다 '정 원하신다면 그렇게 해드리지요' 하는 것처럼 들리는데, 드럼과 베이스를 채보하면서 계속 들으니까 그 둘 사이의 긴장이 매력으로 느껴졌다. 처음에는 '할아버지 왜 그러세요…' 하면서 조금도 끌려가지 않던 멜다우가 결국 빌리 히긴스를 인정하고 솔로에서 조금씩 더블 타임 스윙 필을 암시하다가 결국 명확하게 더블 타임을 받아들이고 연주하니까 그게 반가운 빌리 할아버지는 멜다우의 블락 코드를 대번에 맞받아서 치고… 꼭 젊은 사람과 그 나이의 두세 배 되는 할아버지의 대화하는 모습 그대로 같았다. 처음에는 서로 절대 말이 통할 것 같지 않다가 서로의 다름을 인정하고 나서야 기쁜 대화 상대가 되는 것, 그럴 때면 젊은 사람이 조금은 숙이고 들어가야 한다는 것까지도. 긴장에서 화해로 향해가는 그 모든 과정이 이 곡 안에 담겨 있다."

The Water Is Wide

Charles Lloyd | ECM, 2000

1. Georgia(Hoagy Carmichael, Stuart Gorrell) - 6:38

2. The Water Is Wide(Traditional) - 5:02

3. Black Butterfly(Duke Ellington, Irving Mills) - 4:36

4. Ballade and Allegro(Charles Lloyd) - 3:45

5. Figure in Blue(Charles Lloyd) - 5:13

6. Lotus Blossom(Billy Strayhorn) - 5:39

7. The Monk and the Mermaid(Charles Lloyd) - 8:35

8. Song of Her(Cecil McBee) - 7:37

9. Lady Day(Charles Lloyd) - 7:29

10. Heaven(Ellington) - 4:15

11. There Is a Balm in Gilead(Traditional) - 5:13

12. Prayer(Charles Lloyd) - 4:19

Charles Lloyd – saxophone | John Abercrombie – guitar | Brad Mehldau – piano
Larry Grenadier – double bass | Billy Higgins – drums

재즈라는 장벽에
임하는 방식

07

어려서부터 외우는 건 잘하는 편이었다. 활자 중독 비슷한 아이였어서 책을 제법 많이 읽었는데, 거기에 더해 기억력도 나쁘지 않았으니 인생의 초반부는 쉽게 풀렸다. 물론 중고등학교를 다니며 나보다 공부를 잘하는 친구들이 주변에 늘 있었으니까 대단한 영재 그런 건 아니었고, 딱히 큰 걱정을 끼치지 않고 무난하게 대학에 진학할 수 있었던 정도였다. 사교육이라고 해봐야 방학 때만 두어 시간 정도, 단과학원이라고 대형 강의실에 200~300명의 학생을 어깨가 맞닿을 만큼 몰아넣던 곳에서 몇 시간 수강하고 오는 게 전부였다. 아무래도 오전에 뭔가를 하고 오면 오후에 좀 빈둥거리며 지내도 마음이 덜 불편했었다.

그건 대학생이 되고 난 다음에도 마찬가지였다. 굳이 오전에 영어 회화 학원을 가서 두어 시간을 보냈다. 그다음에 마치 노인이 소일거리 찾듯 서점에서 뒤적거렸다. 그럴 때 대형 서점은 제법 괜찮았다. 교보문고, 영풍문고, 종로서적… 들어설 때부터 빈손으로 나갈 때까지 그 누구도 나에게 관심을 두지 않는 곳이었다. 강남역에 거대한 음반 매장인 타워레코드가 들어서고 나서는 서점보다 타워레코드에서 더 많은 시간을 보냈다. 청음기 앞에 쭈그리고 앉아 음반을 몇 장이고 들었다.

대학생 시절 몇 년을 그런 식으로 멍하니 보냈다. 굳이 방황이라고 말해야 하나 싶긴 한데, 매일같이 학교에 가긴 했으니 그 방황조차 온건했기 때문이다. 출석이라도 해야 적당한 학점이 나올 것 같았고, 그래야 부모님이 내 인생에 개입하지 않을 것이라 생각했다. 나름 전략적이었다고 할까. 무언가에 꽂혀서 앞뒤 안 살피고 달려가는 중이었다면 그렇게 살지는 못했을 것이다. 인생의 방향이 잡히지 않았으니 무료한 일상을 보낼 수밖에 없었다.

학교에 오가는 길에는 늘 이어폰을 끼고 음악을 들었다. 지하철 소음을 막아낼 수 있을 만큼 시디플레이어의 볼륨은 8에서 10 사이를 오갔다. 다행히도 여섯 정거장 정도만 가면 되는 짧은 구간이었던 게 청력에는 그나마 도움이 되었을 것이다. 학교 후문으로 들어가는 마을버스는 늘 만원이긴 해도 일단 그렇게까지 시끄럽지는 않았다.

매일 아침 그날 들을 음악을 휴대용 시디 파우치에 옮겨 담았다. 케이스 로직이라는 브랜드는 제법 탄탄한 10장들이 시디 파우치를 만들었다. 오늘은 이런 음반을 들어볼까, 하고 고르고 또 그중에서 지금은 이 음반을 들을까, 하고 고르는 선택을 매일 반복했다. 음악을 들으며 학교를 가는 시간에는 뭔가 활기가 있었지만, 정작 수업 시간에는 대체로 졸거나 딴생각을 했다. 입학과 동시에 목적이 상실된 삶은 무료했다. 주변의 다른 이들이 고시 공부를 하건 대책 없이 술을 퍼마시며 놀건 아니면 그 중간 어디쯤의 삶을 살건, 나는 다른 길을 걷고 있었다.

일부러 공강이 서너 시간씩 뜨도록 시간표를 짰다. 날이 좋으면 건물 밖 벤치에 앉아 음악을 들었다. 비라도 오는 날이면 어디에든 들어가 음악을 들었다. 어차피 집에 일찍 돌아간다고 해도 딱히 할 일이 없었다. 그런 삶을 몇 년 반복하다 입대했고, 2년이 획 하고 지나 제대를 했다. 밀물처럼 조금씩 조금씩 내게 다가오던 인생의 무게가 그제야 갑자기 체감되었다.

그때까지 몇 년이고 재즈라는 음악 주변에서 맴돌기만 했었다. 음악을 하는 인생은 도대체 어떤 건지 알 수가 없었다. 실제로 음악을 연주하는 삶을 산다고 상상해보면, 막연하기는 해도 왠지 모르게 해낼 수 있을 것만 같은 느낌이 조금 있었다. 우등생 비슷한 인생을 살아왔으니 '내가 마음먹고 하면 뭐라도 웬만큼은 해낼 수 있다' 하는 자기 확신 같은 게 의식 저변에 깔려 있었다.

그래도 재즈는 너무 높은 장벽처럼 보였고, 깨끗이 포기하기 위해서는 한번 나의 전부를 걸고 도전해볼 필요가 있었다. '1년이다, 1년을 온전히 투자해보면 내가 재즈라는 음악을 할 만한 사람인지 아니면 헛된 꿈이었는지 판단할 만큼의 경험은 생기겠지'하고 생각했다. 음악하는 인생이 살 만하다는 확신이 생기면 더할 나위 없이 좋을 것이고, 그렇지 못하다는 것을 확인한다고 해도 후회는 남지 않을 테니 어찌 되든 앞으로의 삶에는 도움이 될 것이었다.

하루하루를 온전히 재즈를 배워나가기 시작하고 몇 달이 지나자 '아니, 고작 이런 거였어?' 하는 느낌이 들었다. 그때까지 재즈란 도무지 어떻게 연주하는지 알 길이 없던 음악이었다. 그런데 고작 몇 달, 누군가에게 그 뒤에 깔려 있는 음악적 논리를 좀 배우고 나니 이건 할 만하겠는데, 하는 생각이 들었다. 당장이야 서투르다고 해도(이건 어쩔 수 없는 일 아닌가) 앞으로 몇 년, 시간과 노력을 들이고 나면 어떻게든 해낼 수 있겠다는 확신이 생겼다. 물론 그게 엄청난 착각이었음을 깨닫는 데에는 몇 년도 걸리지 않았지만 말이다. 조금 아는 사람이 자신의 능력을 과대평가하는 경향이 있다고 하는 더닝 크루거 효과 Dunning-Kruger Effect[1] 의 교과서적인 예가 나였다.

외형을 갖추는 것까지는 금방이었다. 베이스라는 악기가 그렇다. 다른 이들이 8분음표며 16분음표를 연주할 때, 우리 베이스 주자들은 고작 4분음표를 연주한다. 딱히 화려하지도, 재미있어 보이지도 않는다. 심지어 악기도 크고 무겁다. 사람들이 선호할 이유라고는 별로 보이지 않는다. 아직까지도 "그거 첼로예요?" 하는 질문을 받곤 한다. 등 뒤에서 들려오는 "저거 더블베이스야." 하고 아는 체하는 남자의 목소리에는 은근히 자부심 같은 게 섞여 있다. 그만큼 비주류의 악기다.

정작 인기는 없는데, 재즈 밴드에는 꼭 필요한 악기가 더블베이스였다. 몇 달 학원의 지하에서 연습하고 나니 슬슬 연락을 받게 되었고, 이내 재즈 클럽에서 연주하기 시작했다. 20여 년 전 서울 재즈 신은 더블베이스로 워킹베이스를 적당히 연주해내면 일단 오케이, 그런 시절이었고 덕분에 나는 많

---

[1] 능력이 적은 사람이 자신의 능력을 과대평가해서 잘못된 결론에 도달하는 인지적인 편향 현상을 말한다.

은 기회를 얻었었다. 한 줌의 재즈 연주자들 모두 리얼 북[2]이
라고 하는 몇백 페이지짜리 두꺼운 악보집을 들고 다녔고, 십
중팔구 그중 20~30곡 정도의 레퍼토리 안에서 이 사람 저 사
람의 연주가 돌고 도는 중이었다. 〈Stella By Starlight〉, 〈My
Romance〉, 〈All The Things You Are〉, 〈Corcovado〉, 〈Misty〉,
〈My One And Only Love〉, 〈The Girl From Ipanema〉, 〈Blue
Monk〉…. 그러니 곡을 외워야 한다는 말을 듣고도 뭐 그런가
보군, 하고 넘겼다. 다들 리얼 북을 펼쳐놓고 연주하던 시절
이었다. 심지어 재즈 클럽에는 표지가 너덜너덜해진 리얼 북
이 여분으로 한두 권씩 있었다. 누군가가 놓고 간 다음 까먹
어버린 것일 수도 있다. 그러니 곡을 못 외워도 상관이 없었
다. 연습이라고 해도 고작 몇 번씩 쳐보는 정도면 큰 문제 없
이 해낼 수 있었다.

---

[2]   재즈 스탠더드 곡목의 리드 시트를 모은 악보집을 보통 페이크 북(fake book)이
라고 부르는데, 이는 악보에 적힌 그대로 연주하지 않고 연주자의 해석을 더해 바
꿔 연주하는 행위를 fake한다고 하는 데에서 온 이름이다. 하지만 fake라는 단어가
가진 '가짜'라는 의미에 반대해 'The Real Book'이라고 이름 붙인 페이크 북이 있었
다. 1970년대 버클리 음대에서 학생을 가르치던 스티브 스왈로우의 주도로 학생들
에 의해 채보된 리드 시트를 모은 것으로 알려져 있다. 최근 들어서야 『The Real Book
Sixth Edition』이라는 이름으로 공식 출판되었는데, 그 이전까지는 복사본이 전 세계
의 재즈 연주자들에게 공유되었었다.

그리고 외워야 한다면 외워버리면 되는 것이었다. 20~30곡 정도라면 조금만 시간을 들이면 됐다. 씨 마이너 세븐 다음 에프 세븐 다음 비플랫 메이저 세븐… 하며 외우거나 비플랫 키의 투 파이브 원, 하고 외우거나 별 상관이 없었다. 외우고 난 다음 공식을 이해하는 것과 공식을 먼저 이해하고 암기하는 것 정도의 차이였다.

그런데 유학을 가니 요구되는 레퍼토리의 수가 갑자기 열 배는 늘어나는 것을 느꼈다. 심지어는 열두 키로 연주할 수 있어야 한다고들 말했다. 코드 진행뿐 아니라 멜로디도 알아야 한다고 했다. 가사가 있는 곡이면 가사를 외우라고도 했다. 그렇게 잔소리만 하는 게 아니라 실제로 연습하고 또 해내는 걸 주변의 학생들에게서 보았다. 그건 암기과목의 요점을 쓱 눈에 바르듯이 하며 시험 전에 벼락치기로 외우는 방식으로는 가능하지 않은 일이었다. 새로운 곡을 외우며 한 주를 보내면 이전에 외웠다고 믿었던 곡이 자꾸 기억 속에서 흐려졌다. AABA의 형식을 가진 곡이면 B가 늘 기억나지 않았다. 〈Giant Steps〉는 한 달 동안 꼬박 그 곡만 연습했다. 그러면 훨씬 쉬운 다른 곡들이 잊혀져서 연주하다가 얼굴이 빨개지기 마련이었다.

음악에는 음악을 암기하는 방식이 따로 있다는 것을 점

점 확실히 깨닫게 되었다. 소리를 알아야 한다고들 했다. 굳이 멜로디며 코드 진행을 생각하지 않아도 될 만큼 명확하게 들려야 한다고 했다. 처음 듣는 음악도 한 번 듣기만 하면 바로바로 파악해내는 인간들이니 그들에게는 머릿속으로 곡이 명확하게 들리게만 하면 될 일이었다. 하지만 나는 그들 중 하나가 아니었고, 이는 부단한 노력을 통해서만 겨우 비슷하게 흉내를 내는 정도라는 뜻이었다.

재즈를 처음 배울 시절에는 모든 곡이 새로웠다. 재즈 팬으로 몇 년이고 음악을 들어왔으니 멜로디가 귀에 익숙한 곡도 적지 않았지만, 그렇게 들어본 것과 연주하는 것 사이에는 어마어마한 간격이 존재한다. 게다가 나는 몇 번 들어보는 것으로 곡이 파악되고 머릿속에 새겨지는 재능은 없었다. 물론 대부분의 사람에게 없는 재능이긴 한데, 그렇다고 그게 딱히 위안이 되는 건 아니다. 내가 한국사 연표를 남들보다 쉽게 외울 수 있었던 것처럼, 누군가는 음악을 소리 자체로 받아들여 저장해버리기도 한다.

예전처럼 워킹베이스 몇 코러스 연습해보고는 코드 네임에 스케일이며 코드 톤, 릭 등을 끼워 넣는 연습으로는 낯선 재즈 스탠더드 곡들이 머릿속에 저장되지 않았다. 연습량을 좀 더 늘리면 조금 더 기억에 남는 듯도 했지만, 그렇다고 사람들이 말하는 것처럼 코드 진행의 색깔이 들린다거나 하는 느낌은 전혀 아니었다. 열심히 외웠으니 생각이 조금 더 수월하게 빨리 돌아가는 것에 불과했다.

영어로 earworm이라는 표현이 있는데, 어떤 음악이 귀에서 계속 맴도는 현상을 말하는 단어다. 택시나 버스에서 의지와는 상관없이 잠깐 듣게 된 트로트의 간드러진 멜로디가 하루 종일 귓속에서 쟁쟁하게 들리는 것 같은 일은 다들 한두 번씩 겪었을 것이다. 요즘은 다들 귀에 이어폰이나 헤드셋 등으로 그럴 일을 원천 봉쇄하고 다니는 것 같기도 하지만.

재즈곡들이 earworm이 되어 나를 따라다니면 될 것 같았다. 그런데 몇 번을 들어보아도 음반에서 들려오는 멋진 연주는 대체로 너무 복잡하고 달팽이관은 그런 음악을 담아두기에 너무 좁았다. 내 귀가 단번에 이해할 수 있을 만큼 정보의 양이 줄어야 했다. 결국 내가 피아노로 코드와 멜로디를 정직하게 치기를 반복하는 것 말고는 다른 방법이 보이지 않았다.

피아노는 초등학교 1학년 때 바이엘 하권을 치다가 그만두었으니 거의 못 친다고 봐야 할 것이다. 재즈에 매료되고 난 뒤 코드 치는 걸 조금 연습해두긴 했는데, 그래도 피아노라는 악기가 두렵지는 않은 정도에 불과했다. 그러니 원곡의 멜로디와 코드 진행을 연주하기 위해서는 적지 않은 시간을 들여 연습해야 했다. 한두 번 스윽, 하고 쳐보는 걸로는 절대 가능하지 않았다. 왼손으로 〈Autumn Leaves〉의 코드를 꽝꽝 누르며 오른손으로 멜로디를 치기 위해서 몇 시간이 걸렸는지 모른다.

그렇게 코드 진행과 멜로디 자체만 연습을 반복하다가 온 늦은 밤, 침대에 누워 자려고 해도 귓속에서는 몇 시간 전에 연습실에서 내가 치던 소리가 귀에 쟁쟁하게 울렸다. 드디어 재즈 earworm 한 마리를 기르는 데 성공한 것이다. 그러고는 그 소리가 지워지지 않도록 조심조심하면서 워킹베이스며 솔로를 그 위에다가 연습해보기 시작했다. 아니면 다른 키로 멜로디와 코드 진행을 옮겨보기를 반복했다.

글로 쓰니 별것 아닌 것으로 보이겠지만, 수없이 많은 곡을 상대로 이 과정을 반복하며 몇 년의 시간이 흘러갔다. 그 과정에서 곡의 난도가 올라가기도 했고, 곡이 머릿속에 저장되는 속도가 아주 조금씩 빨라지기도 했다. 다른 키로 옮기는 것이 약간 수월해지기도 했다. 오랜 시간 동안 연습하고 연주해온 곡은 굳이 코드 진행을 생각하지 않아도 그저 머릿속에 들려오는 소리와 지판 위의 음들을 잘 매치시키기만 하면 연주가 가능해지는 것 같았다. 나도 그들과 같은 방식으로 음악을 사고하는 것 같았다. 수준의 차이가 명확하다고 해도 사고의 과정 자체는 비슷해졌다.

그로부터 또 10여 년이 지난 지금, 여전히 수준의 차이를 느낀다. 아직까지도 음악을 더 세밀하고 명확하게 알아들을 수 있으면 얼마나 좋을까 하고 한탄한다. 하지만 긴 좌절의 시간을 거치는 동안 명확히 성장한 게 있긴 하다. 듣는 능력도 조금은 나아진 게 사실이다. 그리고 들어내기 위해 모든 의지를 동원하여 집중하는 것이 습관이자 태도가 되었다. 이런 자세는 연주자로서의 나에게 확실히 큰 도움이 된다. 잘 알아듣는 것이 어떤 것이며 도무지 알아듣지 못하는 것이 어떤 것인지 명확하게 구분하게 된 것도 있다. 그건 내가 잘난 사람인 것 같은 착각에 오래 머무르지 않게 해준다.

그에 더해서 조금 더 큰 걸 얻었는데, 부정적인 감정에 오래 빠져 있지 않고 슬쩍 돌아 나오는 방법을 어떻게든 배워낸 것이다. 이전의 나는 재능이 부족한 나를 미워했었다. 사람들이 늘 하는 '먼저 자기 자신을 사랑하는 법을 배워야 한다'는 식의 말은 조금도 내 마음에 닿지 않았다. 내가 원하는 삶은 명확히 다른 세계에 있는데, 내 몸은 엉뚱한 곳에 와 있는 상황이었다. 아무리 발버둥 쳐도 가 닿을 수 없는 대상의 뒷모습만 지켜보고 있는 나 자신을 미워하기를 멈추는 데에 20년은 족히 걸렸다.

이제는 '뭐 어쩌란 말인가, 그렇다고 내가 나 말고 다른 인생을 살아갈 수 있는 것도 아닌데' 하고 받아들이려 애쓴다. 여전히 애써 노력해야 하지만 나라는 사람의 탈을 뒤집어쓰고 살아가는 게 그래도 대충 할 만해졌다.

⟨Stella By Starlight⟩ Chet Baker
[Sextet] 1954

⟨My Romance⟩ Bill Evans Trio
[Waltz For Debby] 1962

⟨All the Things You Are⟩ Keith Jarrett Trio
[Standards, Vol.1] 1983

⟨Corcovado⟩ Stan Getz, Joao Gilberto
[Getz/Gilberto] 1964

⟨Misty⟩ Erroll Garner
[The Originall Misty] 1954

⟨My One And Only Love⟩ John Coltrane, Jonny Hartman
[John Coltrane And Johnny Harman] 1963

⟨The Girl From Ipanema⟩ Stan Getz, Joao Gilberto
[Getz/Gilberto] 1964

압도적인
차이

[The Art Of The Trio Vol. 4]

Brad Mehldau Trio

1990년대의 브래드 멜다우는 "허비 행콕 이후 가장 신선한 재즈 피아니스트"라고 칭찬하던 팻 메시니의 말처럼 찬란히 빛나는 존재였다. 사실 그의 또래 몇몇은 각자의 악기에서 비슷한 위치를 차지했는데, 트럼펫의 로이 하그로브, 베이스의 크리스찬 맥브라이드, 드럼의 브라이언 블레이드 등을 꼽을 수 있다. 재즈 신의 중심으로 성큼성큼 걸어 들어온 그들은 뛰어난 연주력은 기본적으로 갖추고 있었고, 전통에 단단히 기반해 있으면서도 한편으로 참신한 스타일을 가지고 있었다. 그리고 뭐니 뭐니 해도 젊음의 특권과도 같은 활력을 공유하고 있었다. 그들은 영 라이언Young Lion으로 불리며 한동안 함께 활동하더니, 이내 각자의 밴드를 이끄는 리더가 되고 또 한편으로는 수퍼 사이드맨의 커리어를 갖게 되었다. 그로부터 30년쯤 지난 이제는 재즈 역사에 남을 거장이라고 해도 손색이 없을 만큼 커다란 음악적 성취를 해냈다.

아무리 그렇다고는 해도 '트리오의 예술'이라니, 자존감이 얼마나 높으면 20대 후반에 저런 음반 제목을 지어 발표할 수 있을까 궁금해진다. 그래도 귀 기울여 음악을 듣다 보면 '뭐, 그럴 만도 하군' 하고 납득하게 되는데, 이 트리오의 연주는 빌 에반스와 키스 자렛 이후에 더 이상이 없을 것 같아 보이던 재즈 피아노 트리오 연주에서 명확히 새로우면서도 압도적인 음악을 들려준다, 그것도 새파랗게 젊은 나이에. 브래드 멜다우는 20대 중반부터 30대 초반까지 같은 멤버로 이 트리오를 유지했다.

[The Art Of The Trio] 시리즈는 여러 장의 음반이 있는데 1, 3집은 스튜디오 음반이고 2, 4, 5집은 라이브 음반이다. 아무래도 스튜디오 음반은 명확하게 들리는 각 악기의 아름다운 음색을 더 선명하게 감상할 수 있어서 좋다. 드럼의 세세한 브러시 움직임 하나하나며, 아주 슬쩍 밟는 킥 드럼 뒤에 존재하는 홀헤이 로씨의 의도가 그대로 전달된다. 감정이

과장되지 않고 집중되어 있다. 즉흥연주 역시 지나치게 장황하게 펼쳐가지 않고 충분히 연주했다 싶으면 적당한 호흡에서 멈춘다. 역시 스튜디오는 그들마저도 얼마간 스스로 객관화하게 하는 면이 있는 모양이다.

반대로 클럽에서의 라이브 음반은 그들 자신이 훨씬 더 드러난다고 할까, 더 거침없이 질주하는 연주를 들려준다. 관객의 기운을 받아서일 수도 있고, 조금 틀렸다고 해서 연주를 멈출 수 없다는 이유일 수도 있는데, 감정적으로 더 격앙된 연주를 하게 마련이다. 하지만 그렇게 끓어오르는 라이브 연주에서도 좀처럼 무너지는 일이 없다는 것이 이 트리오의 큰 강점 중 하나이다. 미친 듯이 폭주하는 자신을 또 하나의 자신이 관조하고 있는 것 같은 집중력, 그리고 그런 내적인 기운을 받아 마음껏 표현해내는 양손은 즉흥연주를 하는 재즈 연주자에게서 흔치 않은 수준의 정확함마저 가지고 있다. 아무래도 나는 음질이 조금 둔탁할지언정 연주가 인간의 잠재력 끝까지 가닿는 듯한 라이브 음반을 더 선호하게 된다.

음반 마지막에 실린 곡 〈Exit Music(For a Film)〉에서 이 트리오는 왜 그들이 '트리오의 예술'인지 증명해낸다. 1990년대 중반의 아름답던 레오나르도 디카프리오가 담긴 영화 '로

미오와 줄리엣Romeo + Juliet'의 엔딩 크레디트에는 라디오헤드 Radiohead의 곡이 흘렀는데, 그 곡의 제목은 무심하게도 〈Exit Music(For a Film)〉이었다. 어쿠스틱기타 반주로 시작해서는 이내 이런저런 코러스와 패드pad¹ 사운드 그리고 퍼즈fuzz²가 잔뜩 걸린 일렉트릭베이스 사운드가 넘쳐나는 록밴드의 곡을 가져다가 브래드 멜다우는 어쿠스틱피아노 트리오로 연주했다. 멜로디나 곡의 구조를 그다지 손보지도 않은 채였다. 마치 스탠더드 곡을 대하듯 그 곡을 받아들이고는 그 위에 자신의 이야기를 덧입힌 것이다. 그들은 스튜디오 음반인 Vol. 3에서 먼저, 그리고 라이브 음반인 Vol. 4에서 다시 한번 이 곡의 녹음을 남겼다. 물론 그 주변에는 무수히 많은 공연장과 클럽의 허공 속으로 사라진 연주가 있었을 것이다.

질주하는 청춘을 노래하는 송가頌歌인 듯한 정서는 라디오헤드에게서도, 브래드 멜다우 트리오에게서도 공통적으로

---

1 부드러운 음색을 가진 악기의 긴 소리로 배경을 채우는 역할을 하는 것을 말한다.

2 극단적으로 찌그러진 기타 사운드를 내는 이펙터이다. 기타 혹은 베이스와 같은 악기에서 만들어진 신호를 크게 증폭시키면 전기회로 내에서 찌그러진 소리로 변하는데, 결과적으로 긴 서스테인과 거친 질감의 소리가 만들어진다. 지미 헨드릭스에 의해 널리 받아들여졌다고 해도 과언이 아니다.

느껴진다. 오직 젊은이들만이 노래할 수 있는 젊음의 노래이다. 홀헤이 로씨는 멜로디가 전개되는 동안 양손에 쥔 스틱으로 심벌만을 끊임없이 연주한다. 브래드 멜다우의 솔로가 시작되고 나서야 아주 조금씩, 스네어드럼의 소리를 더한다. 무한하게까지 느껴지는 심벌 연주가 하나의 흐름을 만들어 긴장을 늦출 틈을 주지 않고 끊임없이 이어진다. 행여 탐이나 베이스드럼을 연주하느라 심벌의 소리가 잠시라도 끊길까 염려하기라도 하듯이, 이 곡을 라이드심벌로 지배하고 있다. 브래드 멜다우는 그 위로 끝없이 질문을 계속한다. 자기 자신에 대한 질문을 던지고, 또 그에 답한다. 그러고는 그 대답이 맞냐고, 확신할 수 있냐고 재차 묻는다. 그 내적인 대화에 두 멤버를 끌어들인다. 그렇게 7분 정도가 지나고 나서야 결론을 찾는다. 관객의 박수 소리와 함께 원곡의 멜로디가 명확하게 살아 돌아온다. 이제까지 그들은 조금도 호흡을 놓지 않았다.

brad mehldau
Art Of The Trio 4
Back At The Vanguard

℗ & © 1999 Warner Bros. Records Inc., a Time Warner Company
Made in U.S.A. Mfg. by WEA Manufacturing

9 47463-2

The Art Of The Trio Vol. 4:
Back At The Vanguard

Brad Mehldau Trio | Warner Bros.,1999

1. All the Things You Are(Oscar Hammerstein II, Jerome Kern) - 13:44

2. Sehnsucht(Brad Mehldau) - 10:48

3. Nice Pass(Brad Mehldau) - 17:35

4. Solar(Miles Davis) - 9:54

5. London Blues(Brad Mehldau) - 7:37

6. I'll Be Seeing You(Sammy Fain, Irving Kahal) - 7:17

7. Exit Music(For a Film)(Radiohead) - 8:53

Brad Mehldau - piano | Larry Grenadier - doube bass | Jorge Rossy - drums

한국에서
재즈를 한다는 것

08

영화를 딱히 좋아하지 않으니, 어쩌다 보면 한 편도 보지 않은 채 한 해가 지나가기도 한다. 극장에 가는 것 말고 집에서 넷플릭스로 보는 것까지 합쳐서 말이다. 새로운 이야기를 따라가기 위해 집중하고 애쓰는 것을 피곤해하는 성격 탓이다. 그렇다고 싫어하는 것까지는 아니고, 그저 어떤 영화가 개봉한다는 소식이 들려와도 보고 싶다는 생각이 잘 들지 않는 것뿐이다.

그보다는 이런저런 다큐멘터리나 존경하는 아티스트의 인터뷰 영상을 보는 걸 더 좋아한다. 특히 재즈의 역사나 재즈 아티스트를 다룬 다큐멘터리는 몇 번이고 반복해서 보게 된다. 'Miles Electric: A Different Kind Of Blue'나 'Keith Jarrett: The Art Of Improvisation' 같은 다큐멘터리는 그들의 연주 영상을 쉽게 보기 어려운 때라서 더 소중하게 느껴졌었다. 2018년에 발표된 'Blue Note Records: Beyond The Notes' 라는 다큐멘터리 영화는 유튜브가 한창인 시절에 나왔다. 예전 재즈 뮤지션의 삶이나 연주 실황을 그래도 적지 않게 엿보고 난 다음이다. 어쩌면 그렇기 때문에 더 제대로 감상할 수 있었는지도 모르겠다.

이 다큐멘터리 영화는 블루노트 레코즈라는 레이블과 그 레이블을 통해 발매된 음반 그리고 그 음반을 채워갔던 음악인들의 이야기이다. 아니, 그들의 음악과 삶을 곁에서 지켜본 이들과 전해 들은 이들이 자신의 음악과 삶을 비추어보는 이야기이다. 동시에 그것을 기록하고 편집하여 다시 하나의 이야기로 재구성한 감독의 이야기이다. 그리고 무엇보다 어떤 장면에는 공감하고 어느 부분에서는 제법 불만을 느끼다가 한참 동안 작지 않은 고민에 빠지는 나의 이야기이다. 그리고 당연히, 이 모두의 합이다. 역사를 바라본다는 것은 늘 이런 식이다.

지금의 우리에게야 블루노트 레코즈는 재즈의 상징과도 같은 레이블이지만, 당시의 실상은 독립 음반사에 지나지 않았다. 그렇다 보니 쉽지 않은 환경에서 레이블을 설립하고 제대로 팔리지도 않는 재즈 음반을 녹음하며 고군분투한 두 창

립자 알프레드 라이언과 프랜시스 울프의 이야기가 큰 비중으로 등장한다. 그들은 제2차 세계대전을 겪으며 유대인 탄압을 피해 차례로 독일에서 탈출해온 이방인이었는데, 수많은 재즈 뮤지션들의 일화와 함께 그들이 뉴욕 재즈 신의 중심에 들어가 결국 한 가족이 되어가는 과정을 보여준다. 독일 억양이 강한 백인 이민자가 미국의 흑인 사회가 중심이 된 재즈 음반을 제작했다는 것이 생각해보면 제법 이채롭다.

    부기우기[1] 피아니스트들을 녹음하는 것으로 그들의 카탈로그가 시작되었다는 것은 뜻밖이지만 어쩌면 당연한 일이었는데, 그들이 독일의 청소년이던 시절 들었던 재즈는 그런 종류였을 것이기 때문이다. 우리가 블루노트 하면 떠올리는 음악은 그들이 독일을 떠나 뉴욕에 정착할 때도 아직 존재하지 않았던 음악이었다. 하지만 이내 그들은 당시에는 가장 진보적이었던 음악인 비밥을 녹음하기 시작했는데, 난해하다는 이유로 당시의 재즈 팬들은 거부하던 비밥을 아무런 음

---

1   1920년대 후반에 유행한 블루스의 한 장르로, 반복적이고 흥겨운 리듬을 가진 피아노 중심의 연주가 특징이다. 명칭의 유래는 확실치 않으나, 서아프리카 말로 '춤추다', 혹은 '북치다'라는 단어에서 기원한 것으로 추정한다. 초기의 블루노트 레코즈는 앨버트 애먼즈(Albert Ammons)나 피트 존슨(Pete Johnson)등의 부기우기 피아니스트들을 녹음하였다.

악적 훈련이 없는 순수한 팬과 같던 그들이 오히려 편견 없이 받아들인 것은 놀랍기까지 하다.

그때부터 블루노트의 찬란한 음반사는 쌓여가기 시작하는데, 사실 경제적인 이득과는 무관했었다. 어떤 음반사도 주목하지 않던 피아니스트 텔로니어스 몽크와 계약을 몇 년이고 유지하며 음반을 반복해서 내다가 결국 회사가 감당하기 어려운 수준이 되어 계약을 종료하기도 했었으니까. 오히려 이 레이블에 가장 큰 수익을 가져다준 앨범 [Song For My Father]와 [The Sidewinder]의 성공은 그들을 둘러싼 유통사가 유사한 음반을 제작하도록 압력을 가하는 계기가 되었고, 아이러니하게도 두 히트 음반 때문에 블루노트 레코즈는 자금난을 견디지 못해 매각되고 말았다. 다행이라면 그 10여 년의 전성기 동안 수많은 재즈의 거장들이 블루노트를 통해 음반을 남길 수 있었다는 것이다. 호레이스 실버, 리 모건, 아트 블레이키, 마일스 데이비스, 허비 행콕, 버드 파웰, 덱스터 고든, 클리포드 브라운, 행크 모블리….

그들을 모두 녹음한 단 한 명의 엔지니어, 루디 반 겔더의 사운드는 널리 알려져 있고 내게도 익숙해서 큰 놀라움을 느끼지는 않았다. 하지만 첫 번째 스튜디오가 일반 주택 거실이었다는 사실은 의외였다. 사실상 인디 레이블에 어울리는 인디 레코딩 엔지니어였던 것이다. 부모님의 집 거실을 녹음실로 쓰고 벽에 창을 내서 컨트롤 룸²을 만들었다고 하니 말이다. 오히려 경이로움을 느낀 건 리드 마일스의 디자인이었다. 블루노트 음반이라면 타이포그래피typography³를 중심으로 한 일관된 톤을 가진 디자인이라고 막연히 기억했었는데, 화면에 끊임없이 스쳐 지나가는 음반 디자인을 보고 있자니 생각보다 훨씬 다양했고, 명료한 컬러도 많이 사용되었다. 그럼에도 전체 작품을 통해 통일된 하나의 인상을 남길 수 있었다는 것은 무척이나 놀라운 일이었다.

　　역사와 함께 다큐멘터리를 채우는 음악인들은 과거와 현재 블루노트 레코즈에 소속되어 음악을 발표한 이들이었다. 허비 행콕과 웨인 쇼터는 과거 블루노트 시절을 대표하는 거장이며 로버트 글래스퍼, 리오넬 루에케, 켄드릭 스콧, 앰브로스 아킨무시리 등의 젊은 연주인들은 현재의 블루노트 레

2　녹음 스튜디오는 크게 실제의 연주가 마이크를 통해 수음되는 공간과, 믹싱 콘솔을 중심으로 수음된 신호를 받아들여 저장하고 후반 작업을 처리하는 공간으로 구성된다. 컨트롤 룸은 후자를 말한다.

3　활자를 시각적으로 디자인하는 것을 말한다. 블루노트 레코즈의 많은 음반 디자인은 아티스트 이름과 음반 제목 활자를 중심으로 구성되었다.

코즈 소속 연주자들이다. 올스타 밴드라는 말이 조금도 과장이 아닐 정도로 멋진 연주인들이 모여 함께 음악을 만들어가는 스튜디오의 광경도 세세하게 엿볼 수 있었다(보너스 트랙으로 두 곡의 스튜디오 라이브 현장을 감상할 수 있다). 하지만 그보다도 그들의 목소리로 그들의 생각을 직접 들을 수 있는 충실한 인터뷰가 내게는 더욱 가치 있게 와 닿았다. 음악은 음반이나 음원으로 들어도 충분하지만 그들의 생각을 생생하게 접할 기회는 많지 않으니까.

여럿의 인터뷰에서 반복되었지만 오히려 나에게 낯선 것은 우리가 살아가고 있는 사회라는 맥락 안에서 재즈 연주를 이해하려고 하는 음악인들의 태도였다. 그들은 음악을 순수한 소리의 탐닉으로만 받아들이고 있지는 않았다. 이러한 태도는 아래와 같은 인터뷰에서 지속적으로 나타난다.

"표면적으로는 뛰어난 음악인들의 연주를 듣는다. 하지만 각자의 악기를 통한 그 익숙한 내면의 싸움, 내적인 몸부림(도 듣는다). 후대에 나와 같은 세대는 '아니 왜 이렇게 우리 것 같은 느낌이 드는 거지? 왜 나에게 이런 방식으로 말을 거는 거지?' 하고 질문하게 된다."(데릭 핫지)

"블루노트의 많은 예술가들은 우리 모두가 공통적으로 처한 생존 상황을 이해하고 있었고, 그것은 음악을 통해 드러나고 있었다."(테레스 마틴)

"대가들이 공통적으로 했던 것 중 하나는 자신의 자기 자신 됨, 스스로의 경험에 절대로 등을 돌리지 않은 것이었다. 자기가 인생을 통해 겪은 것이 자신의 소리를 형성하기 때문이다. 대부분의 뛰어난 예술은 엉망진창인 상황에서 나왔다. 그 상황에서 빠져나와 어디론가 가기 위해 무엇이 필요했다. 그게 재즈가 태어난 지점이고 힙합이 나온 곳이다."(로버트 글래스퍼)

현시대의 청자는 흔히 블루노트의 음악을 전통의 상징으로 받아들이고 있는 것에 비해 그들은 블루노트를 혁신의 장으로 기억하고 있었다.

"나에게 있어 블루노트는 시장의 판도를 바꾼 혁신가들의 레이블이다."(앰브로스 아킨무시리)

"블루노트 레코즈의 역사를 도식화하면 매 10년마다 그

레이블 소속의 아티스트들이 음악계를 뒤집어 놓았다고 할 수 있다. (…) 호레이스 실버는 그전에 용납되지 않던 펑키한 것을 연주했고, 아트 블래이키는 비밥에서 쓰이지 않던 백 비트를 연주했다. (…) 지금 듣기에는 너무나 익숙한 표현법이 되어 그다지 혁신적이지 않게 들리지만 그 당시로는 아주 급진적인 것이었다." (돈 와스)

그렇다면 재즈란 무엇인가? 로버트 글래스퍼가 늘 이야기하듯, 재즈를 정형화된 무엇이라고 볼 것인가 아니면 그에 담긴 정신spirit 혹은 태도attitude라고 볼 것인가? 그들은 혁신적인 태도 자체를 재즈의 정수로 이해하고 있는데, 역사가들은 그 시기의 음악이 가지고 있는 구성 요소들에서 재즈의 본질을 찾으려 하는 것은 아닌가?

다큐멘터리를 반복해서 보는 동안 또 다른 질문이 떠오른다. 음악인으로서 우리는 얼마나 자신과 이 영화에 등장하는 이들을 동일시하고 있는가? 혹은 얼마나 자연스럽게 그들과 우리를 구별 짓고 있는가?

테레스 마틴은 이너시티inner city[4]의 분노를 표출하는 자신의 세대와 시민권 운동에 동참하던 그들을 동일시한다. 철저하게 자신의 소리를 찾아간 텔로니어스 몽크의 음악에서 자기의 자기 됨을 사과하지 않는unapologetic 힙합의 태도를 발견한다. 시대가 달라졌다 하더라도 재즈는 자신의 음악이라는 것을 그들은 의심하지 않는다. 마음껏 재즈와 힙합은 같은 것이라고 외친다. 결국 자기 것이라는 확신을 갖고 있으니 재즈는 이런 음악이라고 설명하는 것을 주저하지 않는다.

그 안에서 그들은 각자 자신의 소리를 찾기 위한 노력을 계속한다. 높은 수준으로 완성되어 있는 선대의 음악이 주는 교훈은, 어쩌면 그들의 음악과 같아지려는 노력이 무의미하다는 것일지도 모른다.

"블루노트는 너무 많은 엄청난 음악인들이 녹음한 레이블이다. 훌륭한 피아니스트들은 전부 그 레이블에서 녹음했다고 할 만큼! 하지만 내가 내 음악을 할 때면 그런 사실을 생각하지 않으려고 한다. 왜냐하면 그런 생각을 하기 시작하면 너무도 위축될 것이니까."(로버트 글래스퍼)

하지만 한국에서 태어나 살아가는 우리는 끊임없이 그

---

4   거주 환경이 악화된 대도시의 도심 지역으로, 주로 미국 대도시의 빈민 계층이 모여 사는 주거지역을 의미한다.

들과 선을 긋는다. 그들이 이룬 성취는 까마득하게 높고 멀게 느껴지기에 무의식 속에서 어떻게든 다름의 원인을 찾아내려 한다. 인종이 다르고, 문화적인 배경이 다르고, 삶의 경험이 다르다고 구분한다. 얼마간 타당한 정당화이기도 하다.

그렇게 다른(아마도 열등한) 음악을 하고 있다는 생각은 그들의 음악과 얼마나 유사해지는가를 성취의 척도로 삼게 한다. 끊임없이 지금 시대의 가장 힙한 음악을 찾아 듣고 습득하여 최대한 비슷한 음악을 만들어내려는 태도를 갖거나, 전통적인 스타일의 재즈를 가장 가까이 재현하려고 노력한다. 그것만도 엄청난 재능과 노력이 필요한 것임을 잘 안다. 그렇기에 이를 위해 기꺼이 일생을 바치려는 이들을 주변에서 본다면 적지 않은 감동을 느낀다. 진심이다.

하지만 나는 누구인가, 내 안에는 어떤 소리가 담겨 있으며 나는 어떤 이야기를 할 것인가 등을 묻는 이들을 만나는 일은 많지 않다. 그런 질문을 하는 이들은 종종 음악의 언어가 미완에 머물러 있는 경우가 많았다. 그래서 서로는 반목한다. 평생 남의 것만 따라 하면서 스포츠 경기를 하듯 경쟁할 것이냐는 질문과, 숙련된 음악 언어의 아름다움을 무시할 것이냐는 질문을 서로에게 던진다.

이와 같은 반목을 극복하기 위해서 우리는 결국 초인을

필요로 하는지도 모른다. 김연아가 그랬던 것처럼, 조성진이나 임윤찬이 보여주고 있는 것처럼, 한국에서 자생하는 재즈 음악인 중에 누구도 부인할 수 없는 성취를 보이는 이가 나온다면 비로소 그 후대의 음악인들은 나 역시 그와 조금도 다를 것 없는 사람이야, 내 이름이 저렇게 불리는 날이 올까, 하는 꿈을 꾸기 시작하지 않을까. 음악 언어가 완벽하게 완성되어 있고, 창조적인 자기의 목소리를 가진 그런 존재가 우리 안에서 성장해 우뚝 선다면 말이다.

하지만 집단 안에서 행해지는 즉흥성을 재즈 연주의 핵심으로 꼽는다면 이와 같은 연주자의 등장은 당분간 요원한 일일지 모른다. 집단 내의 개인임을 자각하며 자신의 자신 됨을 마음껏 발현함과 동시에 자신이 속한 집단과의 조화를 꿈꾸는 것 말이다. 모두가 자기 됨을 강렬하게 주장하며, 타인의 자기 자신 됨이 나에게 어떤 영향을 미치는가를 인정하고 그와 조화를 이루어 새로운 세계를 찾아 나서는 것, 그것이 재즈의 가장 본질적인 면모 중 하나라고 믿는다면 말이다. 재즈 연주야말로 가장 개인적인 동시에 사회적인 음악 행위인데, 개인이 사회의 한계를 극복하고 성장하는 것이 가능한 것일까?

⟨Song For My Father⟩ The Horace Silver Quintet
[Song For My Father] 1965

 ⟨The Sidewinder⟩ Lee Morgan
[The Sidewinder] 1964

재즈는
박물관에 갇혀 있지 않으니까

[Music Evolution]

Buckshot LeFonque

브랜포드 마살리스가 주목받는 신예였던 시절은 어느새 까마득한 느낌이고, 한 시대를 대표하는 중견 뮤지션이 된 지도 한참이 지났다. 브랜포드 마살리스는 지금껏 수많은 음반을 발매해왔지만, 벅샷 르퐁크는 그중에서 무척이나 이질적인 프로젝트이다.

　　그가 동생 윈튼 마살리스와 함께 재즈 신에 화려하게 등장하던 1980년대의 청년 세대는 온통 록이며 다른 종류의 팝 음악에 심취하던 시절이라, 이 형제를 중심으로 한 몇몇 젊은 이들이 수트를 입고 넥타이를 매고는 어쿠스틱 악기로 정통적인 스타일의 재즈를 훌륭하게 연주해내니 오래된 재즈 팬들이 그들의 등장에 환호를 보냈던 것이다. 게다가 마살리스 형제의 출신지는 재즈의 고향인 뉴올리언스였고, 아버지는 그 도시의 저명한 피아니스트 엘리스 마살리스였으니 그보다 더 정통성을 가질 수는 없었을 것이다. 그런 기대에 부응하듯이 윈튼 마살리스는 전통을 계승하여 이어가는 것에 평생을 바치고 있다.

하지만 브랜포드 마살리스는 좋게 말하자면 좀 더 유연하다고나 할까, 정통 재즈 밖의 이런저런 활동도 많이 했는데 아마도 스팅의 〈Englishman In Newyork〉 소프라노색소폰 연주는 그 정점일 것이다. 그 소프라노색소폰 소리가 없는 〈Englishman In Newyork〉은 상상할 수도 없다. 어쩌면 적당히 곡의 빈 공간을 채우는 고만고만한 세션 연주가 될 수도 있었을 텐데, 무언가를 포착해낸 그의 연주는 이 곡의 핵심적인 요소가 되어버렸다. 브랜포드 마살리스의 감각이 빛나는 순간이다.

그런 팝 세션 말고도 아예 TV 토크쇼의 하우스 밴드도 몇 년이나 지속했으니 꾸준히 대중음악과의 연결고리는 유지되었던 셈이다. 하지만 그 시절 이전도 이후에도 그의 이름으로 발매된 음반들은 대체로 콰르텟 편성으로 공격적인 느낌의 정통 재즈이다. 그러다 보니 이 벅샷 르퐁크는 브랜포드 마살리스가 잠시 기웃거려본 퓨전 성향의 프로젝트였겠거니 하고 넘겨짚을 만도 하다. 뼛속까지 재즈맨인 많은 연주자들이 마지못해 '대충 이렇게 하면 대중들이 좋아하지 않을까' 하는 태도로 만들어낸 그저 그런 퓨전 음반이 적지 않다. 이 프로젝트 역시 두 장의 음반이 발표되고는 사라져버렸다.

그런데 벅샷 르퐁크의 두 번째 음반인 [Music Evolution]은 아주 단단하게 완결성을 가진 음반이다. 힙합의 비트라거나 랩, 턴테이블의 스크래치 사운드 등 그 시절을 휩쓸던 흑인 대중음악의 요소를 조금의 거리낌도 없이 가져다 쓰고 있는데, 자칫하면 겉돌기 쉬운 선택이다. 하지만 쓸데없는 재즈 욕심을 부리지 않았다고나 할까, 음악의 균형이 흐트러지지 않아서 듣기에도 흥미롭고 신선한 음악을 그럴듯하게 만들어냈다.

전체 음반의 인트로와 같은 짧은 첫 곡이 지나고 나면 동명 타이틀곡인 〈Music Evolution〉이 등장한다. 반복적인 비트를 연주하는 드럼 곁에는 더블베이스가 끝없이 동일한 리프를 연주하는데, 코드 진행은 재즈의 기준으로 보자면 평범한 편이지만 다섯 마디 단위로 반복하고 있어서 그것만으로 충분한 긴장감을 유지하며 음악이 앞으로 흘러가는 데에 도움을 주고 있다. 혼 섹션의 편곡이나 중간의 트럼펫 솔로는 재즈의 것 그대로이지만 랩이며 비트는 힙합의 것인데 두 세계가 지금 들어도 이질감 없이 잘 섞여 있다.

〈James Brown(Part Ⅰ&Ⅱ)〉는 스타일적으로 조금 더 이전 시대로 거슬러 올라가는데, 드럼 비트는 힙합이 연상되지만 기타는 펑크 리듬 기타 그 자체이다. 하나의 코드를 지속하면서 리듬 중심으로 악기 하나하나의 파트를 쌓아가는 건 제임스 브라운과 같은 이전 세대가 음악을 만들어가던 방식 그대로이다. 여기에서 브랜포드 마살리스와 또 하나의 색소폰 주자 데이비드 샌본은 주거니 받거니 하는 트레이드 연주를 들려주는데, 블루스에 기반한 프레이즈 중심으로 이야기를 끌고 가다가 슬쩍슬쩍 화성 바깥으로 치고 나가는 몇 개의 비화성음이 적지 않은 쾌감을 준다. 음악에 꼭 필요한 만큼의 자극을 세련되게 꺼내 쓰고 있다.

당시 유행하던 네오소울 스타일의 보컬 곡이라고 해도 무방할 다음 곡, 〈Another Day〉가 이질적으로 들리지 않는 건 이전까지 제법 여러 가지 흑인 음악 스타일의 영향을 뒤섞어왔기 때문일 것이다. '뭐 이런 팝 성향의 곡 하나쯤 온다고 해도 상관없겠지' 하는 생각을 했을 것 같은데, 제법 잘 어울린다. 게다가 이 곡에서는 슬금슬금 노래 뒤에서 필 인을 하다가 치고 들어오는 여덟 마디의 소프라노색소폰 솔로가

〈Englishman In Newyork〉을 연상시키는 면이 있다. 역시나 간결하지만 효과적으로 연주되어 있다. 재즈 연주자들은 늘 몇 코러스에 걸친 긴 호흡으로 자신의 생각을 펼쳐내는 것에 익숙해져 있어서 이렇게 첫 음부터 군더더기 하나 없는 멜로디를 짠 하고 불어내는 것을 어려워하기도 하는데, 브랜포드 마살리스는 조금도 부족함이 없다. 입체감 있는 화성적인 연주는 풍부하고 아름다운 음색 위에 얹혀 전달되고 있다.

이후로도 제법 많은 곡이 이어지는 음반인데, 얼마간 공격적인 사운드를 덧입힌 〈My Way(Doin' It)〉 같은 곡도 있고, 알앤비 성향의 팝 음악이라고 해야 할 〈Better Than I Am〉 같은 곡도 있다. 이런 곡들은 지극히 1990년대의 대중음악 스타일이라 재즈 뮤지션의 음반에 실린 곡들이라고는 상상하기조차 쉽지 않다. 그러다가 더블베이스 인트로로 〈Jungle Grove〉가 시작되면 이내 공격적인 관악기 섹션의 멜로디가 등장하면서 이 밴드의 리더가 재즈 뮤지션이었음을 기억하게 한다. 브랜포드 마살리스의 색소폰에 트럼펫과 트롬본까지 가세한 혼 섹션이 힘차게 복잡한 멜로디를 유니즌으로 불어제끼면, 그 뒤에 깔린 비트가 굳이 스윙 리듬이 아니어도 '이게 진짜 재즈지' 하는 생각이 들게 된다. 베이스 주자는 워킹베이스가 아닌 반복적인 패턴을 연주하고, 드러머가 제법 특이하게 튜닝이 되어 있는 스네어드럼을 정신없이 연주하고 있는데, 그럼에도 재즈 연주자의 컴핑처럼 들린다. 함께 듣고 음악을 만들어가기만 한다면 웬만큼 이질적인 소리도 다 섞여들 수 있다는 좋은 예이다. 어쩌면 브랜포드 마살리스는 그게 재즈라는 음악이 진화해온 길이라고 말하고 싶었는지도 모른다.

Branford Marsalis – saxophones | Frank McComb - keyboards, vocals | Joey Calderazzo - piano | Reginald Veal, Ben Wolfe, Eric Revis - double bass | Reggie Washington, Will Lee - electric bass | L. Carl Burnett - guitar | Russell Gunn - trumpet | John Touchy, Delfeayo Marsalis - trombone | David Sanborn - alto saxophone | Rocky Bryant, Mino Cinelu - percussion | Carol Webb Sotomme - concert master | Barry Finclair, John Pinavalle, Donna Tecco - violin | Sue Pray, Julien Barber - viola | Richard Locker - cello | 50 Styles: The Unknown Soldier - vocals | Laurence Fishburne - spoken word | DJ Apollo - Wheels O' Steel |

Music Evolution

Buckshot LeFonque | Sony Music, 1997

1. Here We Go Again(Brandford Marsalis) - 2:26

2. Music Evolution(Branford Marsalis, Ricky Dacosta) - 4:59

3. Wasineveritis (Brandford Marsalis) - 0:15

4. James Brown Part I & II (Brandford Marsalis) - 4;56

5. Another Day (Branford Marsalis, BIll Gable, Frank McComb) - 3:34

6. Try These On (Branford Marsalis, Rocky Bryant, Ricky Dacosta) - 5:44

7. A Buckshot Rebuttal (Brandford Marsalis) - 0:23

8. My Way (Doin' It), (Branford Marsalis, L. Carl Burnett, Laurence Fishburne) - 4:08

9. Better Than I Am (Branford Marsalis, Delfeayo Marsalis, Frank McComb) - 5:02

10. Paris Is Burning(Brandford Marsalis) - 0:26

11. Jungle Grove(Brandford Marsalis) - 4:45

12. Weary With Toil(Brandford Marsalis, Delfeayo Marsalis) - 5:00

13. Black Monday(Brandford Marsalis, Ricky Dacosta, Keith Elam) - 5:45

14. Phoenix(Brandford Marsalis, Delfeayo Marsalis) - 6:06

15. Samba Hop(Brandford Marsalis, Ricky Dacosta) - 3:53

16. ···And We Out(Brandford Marsalis) - 1:46

17. One Block Past It(Brandford Marsalis, Frank McComb) - 4:56

문체를

갖는다는 것

09

처음 글을 쓰려고 낑낑대던 무렵, 그다지 가깝지 않은 지인이 내 글을 보고 에쿠니 가오리의 문체와 비슷하다고 했었다. 정작 나는 에쿠니 가오리의 소설이라고는 한 권밖에 읽지 않아서 '무슨 얘기지?' 하면서 다시 읽어보았는데, 신기하게도 제법 닮은 느낌이 많이 있었다. 그저 어디에선가 글을 짧게 쓰라는 얘기를 읽고는, 책임지지 못할 긴 문장을 쓰는 대신 툭툭 끊어지는 짧은 문장으로 쓰는 것에만 신경을 쓰던 시절이었다. 단문 중심으로 써 내려간다는 것 말고 또 어떤 공통점이 더 있는지 생각해보다가 어느새 기억에서 잊혔던 일이다.

번역을 거친 작가의 문장이 어떤 문체를 가진다는 건 참으로 신기한 일이다. 번역가의 스타일이 덧입혀진 후에도 명확하게 살아남은 스타일이란 얼마나 생명력이 강한 것인가. 무라카미 하루키와 같은 유명 작가의 경우에는 번역본이 발매되는 출판사도 여럿이었다. 문학사상사와 문학동네가 가장 먼저 떠오르지만 책장을 훑어보니 열림원, 한영출판, 비채, 백암, 자유문화사, 현대문학, 까치… 워낙 다작하는 데다가 인기가 많아 책이 완성되는 족족 번역본이 나오는 모양이다. 당연한 얘기지만 번역을 맡은 이도 여럿이다. 심지어 하나의 역자 이름 뒤에 몇 명의 노력이 숨어 있을 지도 모른다. 한 권의 소설 안에 이루카(일본어로 돌고래라는 뜻) 호텔과 돌핀 호텔이 뒤섞여 나오는 걸 보고 얼마간 심증을 굳힌 일이다. 그럼에도 하루키가 가진 문체의 특징이 명확히 감지된다.

하루키는 자신의 스타일을 확립하기 위해 일본어 특유의 표현법은 죄다 버리려 했다고 한다. 그래서 일단 영어로 글을 써 보았는데, 당연하게도 사용할 수 있는 어휘가 제한되고 문장은 간단해질 수밖에 없었다. 그런 다음 그 문장을 다시 일본어로 번역하듯이 썼다고 한다. 그 과정에서 심플한 문장을 쌓아 심플하지 않은 세계를 그린다는 그의 스타일을 찾아낸 것이다.

최근의 줌파 라히리도 비슷한 실험을 하고 있는 중이다. 익숙한 언어인 영어를 내려놓고 굳이 외국어인 이탈리아어로 글을 쓰는 것을 한동안 지속하고 있다. 선입견일 수도 있겠지만, 왠지 모르게 속도감이 좀 떨어지는 것도 같고 표현에도 얼마간 제약이 느껴진다. 『축복받은 집』이나 『저지대』를 읽을 때 너무도 자연스럽게 읽히던 것에 비해 살짝 답답한 느낌이 든다.

그럼에도 그의 글임을 의심할 만큼 다르게 읽히지는 않는다. 그가 외국어인 이탈리아어로 어떤 이야기를 상상해 적은 것을 누군가는 우리말로 번역해냈다. 그렇게 두어 차례 복잡한 과정을 거친 글에서 어디까지가 순수한 그녀의 문체인지 확신할 수는 없지만, 그럼에도 그녀의 영어를 번역한 글에서 느껴지던 호흡이 제법 많이 살아 있다.

조금 더 특이한 시도를 하는 작가들도 있다. 마찬가지로 자기만의 스타일을 찾기 위해 이리저리 실험을 해보다가 도달한 것으로 추측해본다. 한참 전에 박민규의 『죽은 왕녀를 위한 파반느』를 읽은 적이 있다. 모리스 라벨의 곡 제목을 가져다 썼다는 이유만으로 관심을 가졌던 책이다. 그 곡을 소중하게 기억하는 작가라면 나와도 공감대가 있겠지, 하는 생각이 무의식 뒤편에 있었을 것이다.

그 책에서 작가는 시종일관 아직 마침표를 찍지 않은 문장 한가운데에서 문단을 나눠버렸다. 우리는 주어와 술어가 존재하는 문장을 만들고 마침표를 찍는다. 그리고 문장과 문장을 몇 개 엮어 하나의 문단을 구성한다. 문단이 바뀔 때 줄을 바꾸고 다음 문단의 시작은 들여쓰기 한다. 이 법칙은 초등학교 때 원고지 쓰기를 통해 배웠던 지식이다. 그때까지 읽어본 어떤 작가도 이 규칙을 버리지는 않았다.

하지만 그의 글에서 분명히 문단과 문단 사이에 한 줄의 공백이 새겨져 있었지만, 주어와 술어는 아직 이어져 있는 상태였고 마침표도 찍혀 있지 않았다. 그것만으로도 제법 충격적이라 많은 생각을 하게 한다. 분명 아름다운 문장을 쓰는 작가지만, 그런 생각을 하기도 전에 문장과 문단, 마침표 사이의 불일치에 일단 혼란에 빠지게 된다. 읽어가는 호흡이 불안정하게 뒤흔들린다.

테드 창의 『당신 인생의 이야기』를 읽을 때면 너는, 너는, 하고 이어지는 2인칭을 향한 서술에 깜짝 놀랐다. 제목대로 '너'의 이야기를 하고 있는데, '너'는 화자의 딸이다. 그녀는 20대 중반의 젊은 나이에 사고로 세상을 떠난다. 화자는 외계 생물체 헵타포드와의 언어 체계를 연구하다가 그들의 언어가 가지고 있는 시간의 개념이 인간의 것과는 다르다는 것을 발견하게 된다. 헵타포드의 세계는 선형적인 흐름이 아닌, 순환적이라고 해야 할 전혀 다른 시간 개념을 가지고 있었고, 그것은 그들의 언어에 고스란히 반영되어 있었다. 소설도 뒤죽박죽인 순서로 '너'의 일생을 보여준다. 스토리만으로도 제법 정신이 없는데, 누군가가 '너'라고 말하는 것을 읽으며 그게 내가 아닌 제삼자라는 점을 받아들이는 것도 특이한 경험이었다.

모두가 이들처럼 충격적인 스타일을 가질 필요는 없다. 대부분의 이들이 하는 대로 마침표가 찍히는 문장 몇 개를 모아 문단을 구성하고, 문단과 문단을 쌓아 글을 완성해가도 괜찮다. 그 안에서 자신도 모르게 뚫고 나오는 문체가 있을 테니까. 결국 중요한 건 명확한 자신의 문체를 갖는 것과 문장 뒤에 담긴 내면의 이야기가 가진 무게 그리고 그 이야기를 얼마나 솜씨 있게 표현하는가이다. 제아무리 문장의 한가운데에서 줄을 바꾼다 해도, 그것이 놀라운 경험인 것은 첫 페이지뿐이다. 그 놀라움이 지나가고 난 뒤에는 역시나 본질의 무게가 중요하다.

그에 비하면 음악은, 특히 기악 음악은 각자 가진 모국어의 장벽을 건너뛰어 듣는 이에게 성큼 다가선다. 물론 각자 자라고 살아온 문화권의 영향 아래 취향과 선호가 형성되기 마련이니 온전히 자유롭다고 말하긴 어려울 것이다. 한 옥타브를 12개가 아닌 24개로 쪼갠 미세한 음정 위에 쌓인 인도 음악이 인도 문화권의 사람들과 타 문화권의 사람들에게 동일한 감정으로 전달되지는 않을 테니 말이다.

　20세기 초만 해도 미국 남부 아프리카계 흑인의 블루스를 처음 들은 타 지역 사람들은 이를 충격으로 받아들였다. 초기 재즈의 싱커페이션을 들은 점잖은 백인 어른들은 이렇게 마음이 어지러워지는 걸 보니 악마의 음악임에 틀림없다고, 우리의 젊은이들이 재즈를 듣는 것을 막아야 한다고 목청을 높였으니까.

　그렇지만 현대에 이르러 전 세계에서 비슷비슷한 교육을 받고 비슷비슷한 문화를 누리며 성장하는 요즘은 다르다. 음악은 그야말로 만국 공통의 언어가 되어 세계 각지의 사람들에게 공감을 사고 있다. 굳이 진부하게 K-pop 얘기를 꺼내지 않아도 말이다. 하지만 가사가 음악의 절반 너머를 차지하는 조니 미첼의 노래를 들으면서는 내가 영어를 좀 더 잘했더라면 좋았을 텐데, 하는 아쉬움이 남긴 한다. 그랬다면 밥 딜런의 노래도 더 잘 들을 수 있었을 것이다.

　진지한 재즈 뮤지션이 솔로를 연습하다 보면, 이게 무슨 행위인가 회의에 빠지기도 한다. 조금 더 폭이 넓어지고 조금 더 능숙해지는 것, 그것을 위해 평생 도를 닦듯 수련을 지속한다. 하지만 즉흥연주를 연습한다는 건 어떤 의미일까, 진정한 즉흥 따위는 없고 그저 연습한 것의 조합으로 그 순간에 그럴듯한 흐름을 만들어가는 것뿐인가, 하는 질문을 피하기 어렵다.

그런 고민과 함께 솔로의 내용이 성장해가면 대체로 추상의 정도가 높아진다. 주어진 코드 진행의 바닥에 깔린 소리를 정확하게 내는 것에서 점점 그 위에 다른 화성을 쌓아 입체감을 만들어내려 애쓰게 된다. 재즈의 역사를 살펴보면 꾸준히 그런 방향으로 즉흥연주가 발전해왔다. 그건 개인 안에서도 마찬가지다. 당연히도 청중과는 거리가 멀어진다. 딜레마가 아닐 수 없다.

그러니 어려운 단어를 모두 내려놓고, 글 쓰는 이 특유의 멋들어진 어투를 피해가며 아주 평범한 일상의 언어로 글을 쓴 몇몇 작가를 기억하는 것은 재즈 연주자가 중심을 잡는 데에 큰 도움이 된다. 쉬운 단어와 짧은 문장으로도 아주 개인적인 문체가 형성될 수 있으며, 그건 번역을 거치고도 생생히 살아남을 만큼 명확한 정체성이 된다는 것 말이다. 그리고 좋은 문장을 쌓아 이루어낸 이야기 전체가 중요하다는 것 말이다. 평생 그 누구도 연주하지 않은 프레이즈나 대리코드를 찾아다닐 수도 있겠지만, 어느 시점에는 내 안에 어떤 이야기가 있으며 나는 그걸 어떤 문장으로 풀어내고 있는가 하는 질문이 더 중요할 수도 있다.

시작부터
완결된 스타일

[Word of Mouth]

Jaco Pastorius

어떤 종류의 창작 과정이든 상상력과 그 상상을 실현해내는 능력, 이 두 가지는 필수적이다. 자코 파스토리우스는 짧은 인생을 통해 새로운 음악을 마음껏 상상해냈으며 그 상상의 소리를 누구도 따라 하기 힘든 경지로 완성해버린 채 세상을 떠났다.

사실 그의 음악은 데뷔 음반 [Jaco]에서 이미 완결되어 있었다고 해야 할 것이다. 머릿속에만 들어 있던 소리를 찾아내다 일렉트릭베이스의 프렛을 뽑아내 프렛리스 베이스를 만들어낸 것은 유명한 이야기이고, 그것으로 비밥의 상징과도 같은 찰리 파커의 〈Donna Lee〉를 압도적인 기량으로 연주해낸 것만으로도 새로운 세상을 열어젖힌 것과도 같았다. 두 번의 오버 더빙으로 기가 막힌 코러스 효과를 끌어낸 발라드 〈Continuum〉이나, 하모닉스 주법을 집대성한 〈Portrait of Tracy〉도 마찬가지였다. 지금껏 없던 소리를 상상해내고 그 소리를 처음 시도한 사람이 몇십 년이 지나도록 제대로 흉내 내기조차 버거울 정도로 완벽한 연주를 해냈다.

그렇게 자코 파스토리우스는 뮤지션들 사이에서 인정을 받는 것과 동시에 대중의 사랑을 마음껏 받았다. 대중은 그의 압도적인 테크닉과 무대 위에서의 존재감, 활력에 열광했다. 화성이니 뭐니 복잡한 것을 이해할 필요도 없이 그저 그가 뿜어내는 사운드에 빠져들면 충분했다. 여러모로 베이스계의 지미 헨드릭스 같은 존재였으니까.

그런 그의 연주보다 나은 게 하나 있다면 그건 바로 그의 작곡이라는 얘기를 종종 듣곤 했다. 물론 데뷔 음반의 곡들도 하나같이 훌륭하지만, [Word of Mouth]는 그보다 훨씬 큰 빅밴드 편성으로 작업되어 있어 그의 작곡자로서의 역량을 더 감상하게 된다.

첫 곡, 〈Crisis〉는 제목에 딱 맞는 긴박한 분위기로 쉴 새 없이 몰아치는 곡인데, 마이클 브레커나 허비 행콕과 같은 연주자들은 스튜디오에서 미리 녹음된 드럼과 베이스의 연주를 들으며 자유롭게 솔로를 했고, 컨트롤 룸의 자코 파스토리우스는 그들의 연주를 구간 구간 필요한 대로 사용하는 방식으로 완성해갔다고 한다. 그럼에도 다 같이 한 공간에 모여 프리재즈 앙상블을 만들어가는 것처럼 유기적인 느낌이 가득한 것이 놀라운 점이다.

그 혼란 가득한 사운드를 거치고 나면 자코 파스토리우스가 작곡한 곡 중에서 유독 낭만적이고 아름다운 왈츠 곡, 〈Three Views of a Secret〉이 따라온다. 〈Crisis〉를 들으며 5분 넘게 계속되던 숨 막힐 정도의 긴박감과 소용돌이치는 혼돈을 버텨낸 이들에게는 선물과도 같은 순간이다. 느긋한 템포의 4분의 3박자가 가진 둥근 느낌에다 주선율은 투츠 틸레망의 표현력 가득한 하모니카 연주가 담당하고 있으니 온화한 위로를 받게 된다. 하지만 곡 자체는 그렇게 심플하지 않다.

명확하게 들리는 첫 번째 주제부는 멜로디와 코드 진행이 그다지 낯설지 않다. 명확하게 확립되어 있는 E 메이저 키의 조성 안에서 조금씩 색채를 더하는 코드들이 섞여 있고, 그 위에 간간이 겹쳐서 들리는 블루스의 흔적이 흥미롭다. 열여섯 마디의 짧은 길이를 두 번 반복하는 동안 멜로디는 가사를 붙여 부른다고 해도 이상하지 않을 정도로 명확해서 듣는 이를 쉽게 끌어당기는 면이 있다. 이내 조성을 바꿔 다음 섹션으로 이동한다. 얼마간 화성을 진행시키고는 다시 첫 번째 테마로 돌아오니까 크게 보면 스탠더드 곡에서 흔히 접하게 되는 AABA의 구조와도 같다. 그러고는 왠지 모를 혼란을 표현하는 것 같은 인터루드가 따라온다. 지금껏 제법 안정적인 리듬을 제공하던 드럼은 폭풍이 몰아치는 것과도 같이 드라마틱하게 표현하고, 금관악기들의 연주에도 힘이 붙는다. 그러고 나서야 하모니카의 솔로가 시작되지만, 그조차도 재즈 특유의 8분음표 중심으로 꽉 채우며 쏟아내는 솔로가 아니라 원곡의 멜로디를 들려주면서 슬쩍슬쩍 필 인 하는 것에 가깝다. 이 곡은 솔로를 듣기 위한 곡이 아니라는 얘기다. 몇 번이고 반복하는 4개의 코드 위에 강렬하게 내지르는 트럼펫 섹션의 블루지한 멜로디와 함께 폭발하는 건반과 드럼 연주로 곡을 마무리한다.

음반의 첫 두 곡이 워낙 강렬하게 회화적인 이미지를 그려내니까 이 두 곡을 이어 듣는 것만으로도 제법 감정이 소모된다. 그렇지만 그 뒤에 따라오는 곡들 역시 들을 거리로 가득 차 있다. 활기찬 빅밴드 사운드 위에 낯선 조합인 스틸 팬의 소리가 신선하게 들리는 〈Liberty City〉에서는 허비 행콕의 눈부신 피아노 솔로가 담겨 있다. 그리고 밴드 전체를 이끌다시피 하는 자코 파스토리우스의 프렛리스 베이스 연주도 여전하니까 각 악기의 활약을 듣는 재미도 크다. 그 다음, 그야말로 자코 파스토리우스의 독무대와도 같은 〈Chromatic Fantasy〉와 〈Blackbird〉가 이어지는데, 그의 베이스 연주가 극한으로 치닫는 동안 밴드는 민속음악을 연상시키는 다양한 사운드로 음악을 채우는 대조를 보여준다. 그리고 〈Word of Mouth〉에서 강렬하게 찌그러진 베이스 사운드로 일렉트릭 기타와도 같은 표현을 해내고는 그의 부모님 이름을 딴 마지막 곡 〈John And Mary〉로 음반을 마무리한다.

다양한 사운드를 적극적으로 사용할뿐더러 큰 편성의 밴드가 가진 다이내믹의 폭이 무척이나 넓은 음반인데, 메인 솔로 주자들이 마음껏 솔로를 펼치는 구간과 철저하게 작곡과 편곡을 통해 음악의 방향을 끌고 가는 것 사이의 균형이 무척이나 좋게 들리는 음반이다. 음반 전체를 통해 너무도 명확하게 느껴지는 자코 파스토리우스의 페르소나를 지켜보면서, 그의 상상력과 그 상상력을 실현해내는 능력에 감동하고 또 감탄하게 된다.

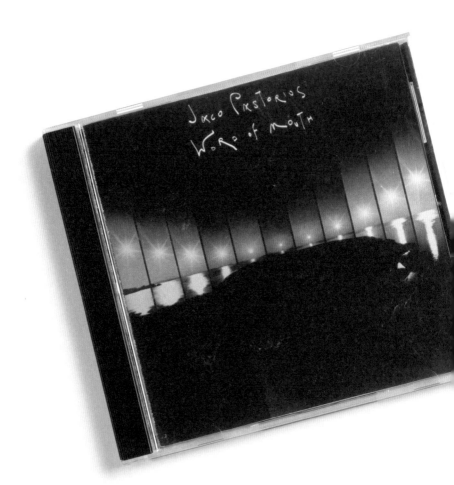

Word of Mouth

Jaco Pastorius | Warner Bros, 1981

1. **Crisis**(Jaco Pastorius) – 5:17

2. **Three Views of a Secret**(Jaco Pastorius) – 6:05

3. **Liberty City**(Jaco Pastorius) – 11:57

4. **Chromatic Fantasy**(Johann Sebastian Bach) – 3:01

5. **Blackbird**(Lennon–McCartney) – 2:48

6. **Word of Mouth**(Jaco Pastorius) – 3:53

7. **John and Mary**(Jaco Pastorius) – 10:52

Jaco Pastorius – electric bass (1-7), double bass, organ, piano (2), synthesizer (1-3), autoharp, koto, percussion, vocals (7) | **Herbie Hancock** – keyboards, synthesizers, piano (3) | **Wayne Shorter** - soprano sax (7) | **Michael Brecker, Tom Scott, Mario Cruz** – saxophone | **Hubert Laws** - soprano & alto flute (4, 5) | **Chuck Findley** – trumpet **John Clark** – French horn | **Howard Johnson** – tuba | **Toots Thielemans** – harmonica (2-6) | **Don Alias** - percussion (1, 4-6) | **Robert Thomas Jr.** – percussion (3, 7) | **Peter Erskine** – drums (1, 3-7) | **Jack DeJohnette** – drums (2) | **Othello Molineaux and Leroy Williams** – steel pans (3, 7) | **John F. Pastorius IV** – vocal (7) | **Mary Pastorius IV** – vocal (7)

비록

시대와 불화 중이라 해도

10

재즈는 상대적으로 짧은 역사를 통해 획획 발전해온 장르라 듣는 사람에 따라 머릿속에 그리는 상이 제각각이다. 어떤 이에게는 듣기 편한 배경음악이고, 또 다른 사람에게는 전적인 집중이 필요한 예술 작품이 된다. 춤을 추기 위한 음악이기도 하고, 종종 전위적인 일탈이 되기도 한다. 하지만 시간이 지나면서 점점 그다지 대중적이지 않은 음악이 되어가는 것만은 부정하기 어렵다. 요즘은 긴 호흡으로 무언가를 감상하는 것이 쉽지 않은 시대인데, 재즈 연주는 기본적으로 한 곡의 길이가 긴 데다가 그것조차도 여러 번 반복해서 듣기를 요구하는 음악이기 때문이다.

게다가 전형적인 재즈 연주를 담당하는 악기는 대부분 어쿠스틱 악기들이라, 현대의 대중음악을 가득 채우는 화려한 소리에 비교하면 소박하다고 해야 할 만큼 음색의 변화가 크지 않다. 비슷비슷한 리듬에 몇 번 들어도 잘 모르겠는 멜로디, 대체로 그게 그거인 악기 소리에 담긴 음악을 몇 번이고 반복해서 들으려면 그 음악의 어떤 요소에 제법 마음이 끌리지 않고서는 쉽지 않은 일이다.

원곡의 가사와 멜로디, 코드 진행을 명확하게 알면 알수록 그 뒤에 따라오는 즉흥연주를 받아들이기 쉬워진다. 하지만 재즈 연주자들은 원곡의 멜로디조차 그대로 부르는 법이 없고 제 맘대로 바꿔 연주하니까, 여러 연주자의 여러 버전을 듣다 보면 공통적인 소리가 남는 정도이다. 아예 프랭크 시나트라 같은 옛날 가수가 부른 버전을 찾아 듣는 게 더 빠르다. 그래도 남의 나라 노래라 우리의 기억에는 잘 남지 않는다.

어찌어찌해서 원곡의 소리를 머릿속에 새겨넣은 다음, 그 소리를 마음속으로 흥얼거리며 즉흥연주를 쫓아가다 보면 대충 어울리는 것도 같은데 싶은 생각이 든다. 그 정도의 감상까지도 한참 걸린다. 어쩌면 솔로의 내용을 알아듣는 것보다는 그 외형에 흐르는 각 악기의 사운드와 격정적인 에너지, 스윙이라는 리듬이 가진 특유의 느낌을 온몸으로 받아들이는 것만으로도 일단 충분한 것일 수 있다.

그렇게 한 곡을 알 만하다는 생각이 들어도 다른 연주자의 다른 버전을 들으면 전혀 다른 곡이 되고 만다. 이렇게 언제나 낯선 느낌을 좋아하는 사람도 있겠지만, 대부분의 사람은 자신의 마음을 이 곡 어디에 두어야 할지 몰라 당황하곤 한다.

그래도 이건 밤중에 딱히 할 일이 없어 책상 위에 소설책을 펴놓고는 이어폰으로 마냥 음악을 반복해서 듣던 이들의 얘기다. 이제는 한두 번 들어서 좋지 않은 음악을 굳이 반복해서 듣는 사람이 많지 않다. 자극적인 영상에 담긴 음악이 주류가 되는 건 요즘 시대에 당연한 일이다.

어제, 가벼운 마음으로 늦은 오후 혹은 이른 저녁의 연주를 나섰다. 장소는 이태원의 올댓재즈. 요즘 이래저래 사이드맨으로서의 연주가 많은 편이라 일주일에도 몇 번씩 오게 된다. 그 장소에서 주말 오후를 활용한 음악 감상회 같은 기획이 있었고, 그 한 부분으로 라이브 연주를 부탁받았다. 일상적인 공간에서 조금 덜 일상적인 연주를 하게 되었다. 정권 퇴진을 외치는 시위대가 이태원을 지나는 시간과 딱 맞아떨어져서 공영주차장 진입로가 경찰의 통제로 막힌 건 일상 바깥의 일이었지만.

재즈 아카데미라고 이름이 붙여진 모양이던데, 도착해 보니 강의를 맡은 선생님께서 잘 준비된 자료 화면과 음원을 통해 재즈를 설명하고 계셨다. 주차로 한바탕 소동을 겪은 다음인 데다가, 재즈 클럽은 일단 조명이 어두워서 상황 파악이 잘되지 않았다. 더블베이스를 메고 무대를 향해 걸어가다 보면 어쩔 수 없이 사람들의 시선을 끌 수밖에 없는데, 강의 중간에 적지 않게 집중을 흐트러뜨리는 역할을 하고 말아서 조금 무안한 기분이 들었다.

뒤쪽으로 돌아가 자리를 잡고 앉았다. 강의를 엿듣자니 〈Fly Me To The Moon〉이나 〈Autumn Leaves〉 같은, 그나마 대한민국에서 음악을 좋아하는 사람들이라면 친숙할 만한 곡의 여러 버전을 들려주며 그에 관한 정보를 전해주고 있었다. 익숙한 방식이다. 우리나라에 갑자기 재즈가 유행되었던 1990년대 중반에도 재즈를 소개하는 기회가 있으면 늘 그랬다. 재즈는 이해하기 어려우니까 일단 사람들이 알 만한 곡을 가지고 설명해야 한다는 것은 받아들일 만하지만 전적으로 동의하기는 어려웠다. 듣는 이들은 재즈를 이해하기 어려울 것이라는 전제가 깔려 있기 때문일 수도 있고, 이해하지 못하면 감상하기 어려울 것이라는 강사의 생각을 느끼기 때문일 수도 있다.

잘 준비된 강의가 끝나고 후다닥 무대 위에 올라 연주를 시작했다. 아무래도 강의의 연장선상이다 보니 언급된 곡을 연주하는 게 좋을 것 같다는 생각에 연주 곡목을 좀 조정해서 새로 두 곡이 들어갈 자리를 마련하고, 비슷한 곡은 빼기로 했다. 〈Just Squeeze Me〉라는 미디엄 스윙 곡도 있었고, 〈That's All〉이라는 발라드와 〈Tristeza〉라는 브라질리언곡 등을 연주했었다. 최상의 연주는 아니었어서 아쉬움은 남지만, 늘 최고일 수는 없는 거니까 받아들인다. 업 앤 다운, 엎치락뒤치락하면서도 조금씩 바닥이 상승하는 것이 목표이다. 자기 기준에서 연주가 지독히 안 풀리는 날이라고 해도 여전히 훌륭한 연주라는 것을 안다고 했던 드러머 멜 루이스의 말을 기억한다. 사실 그런 종류의 자기 확신을 갖기란 쉽지 않다.

사전에 협의가 된 건 아니었지만, 연주자들에게 간단하게 질문과 대답을 할 기회가 있다고 공지 되었던 모양이다. 어린 시절의 나였다면 이내 발끈하면서 "이런 역할까지 시킬 거면 페이가 다르게 책정되어야 하는 거 아닌가요?" 하면서 따졌을 것이다. 지금의 나는 여전히 불합리하다고 생각하면서도 음악에 관한 이야기를 할 수 있는 상황이면 받아들이기로 한다. 내 이야기가 필요한 사람들도 있을 수 있다고, 그들과 이야기를 나누는 것이 나의 자존심을 지키는 것보다 더 중요할지도 모른다고 생각한다.

몇 주간의 강의를 듣고 난 다음이어서였을 수도 있고, 영상과 음원으로 듣던 음악이 실제로 눈앞에서 펼쳐지는 것을 지켜봤기 때문이었을 수도 있는데, 한 분이 끊임없이 질문을 이어갔다. 그분은 "아주 사소한 질문일 수도 있는데요" 하면서 조심스럽게 말을 꺼냈지만 정작 그 질문의 무게는 제법 무거웠다. "연주자 입장에서 어떤 즉흥연주가 좋은 즉흥연주라고 생각하시나요?"라는 질문이었으니까. 전공자들은 종종 아주 디테일한 질문을 한다. 악기 셋업이며 기타 줄의 게이지 같은 것까지 모든 세세한 정보가 다 궁금한 게 전공자니까. 하지만 가끔씩 감상자는 툭, 하고 본질을 치고 들어온다. 이 경우에는 좋은 즉흥연주는 무엇이냐는 것으로.

"저는 연주가 감정적으로 가득 차 있어야 한다고 생각해요. 커다란 감정이 음표에 담겨서 어떻게든 듣는 사람의 마음에 가닿기를 간절히 원하는 열망이 있어야 한다고 믿거든요. 만약 평범한 청중에게 재즈라는 음악이 쉽게 이해되기 어렵다고 생각한다면, 연주자는 아무것도 이해하지 못한다고 해도 명확하게 느껴질 만한 음악적인 감정 같은 것을 담기 위해 필사적으로 노력해야 한다고 생각해요. 그래야 조금이나마 음악이 전달될 가능성이 있는 게 아닐까요? 물론 이건 큰 그림에서의 이야기이고, 저희는 즉흥연주로 끌어내는 멜로디와 화성의 관계며, 리듬의 세계가 너무도 중요한 사람들이죠. 그걸 담고 있는 음색, 사운드 자체도 그만큼, 아니 그 이상 중요하고요. 지금껏 저는 20년도 넘게 연주 생활을 지속해왔는데, 그 기간을 둘로 나눠서 앞의 절반은 멜로디와 화성의 관계를 탐구하던 시간, 그리고 뒤의 절반은 리듬과 사운드를 탐구하는 중이라고 해도 될 것 같아요. 이전에는 좋은 음을 골라내서는 못생긴 소리와 리듬에 담아서 연주했었다고 생각하거든요."

많지 않은 수강생들이었지만 그들이 제법 집중해서 귀담아듣고 있는 것은 명확하게 느껴졌다. 연주를 통해 듣는 이의 마음을 끌어당기기 시작하면 종종 '공기의 흐름이 바뀐다'고 느끼는데 그것과 똑같은 기분이었다. 진지하게 듣고 대답했기 때문일까, 질문이 계속 이어졌고 이제는 가벼운 토론과도 같은 분위기로 순식간에 변해버렸다. "재즈라는 음악이 대중화되는 게 쉽지는 않다고 해도, 연주자 입장에서 많은 사람들이 재즈를 이해하고 좋아하기를 바라지 않으시나요?" 하는 질문도 있었다.

아마도 재즈는 대중화되기 쉽지 않을 것으로 생각하고 있기에 크게 기대는 하고 있지 않다는 대답을 하게 되었다.

그게 솔직한 심정이니까. 재즈의 역사는 100여 년 정도인데, 그 기간 동안 다양한 스타일의 음악이 재즈라는 이름 아래 만들어져왔다. 때때로 제법 대중적인 인기를 끄는 음악도 있었고, 대체로는 그렇지 못했던 것 같다. 그래도 과거에는 지금보다 조금 더 대중음악에 가까웠던 게 아닐까? 시간이 흘러가며 점점 사람들과 멀어져가는 것이 느껴진다.

사람들은 그 다양한 스타일 중 각자 자신이 경험한 음악에 따라 재즈의 상을 그려내기 마련이다. 자신이 좋아하는 재즈의 모습대로 아티스트가 음악을 만들어주기를 기대할 것이다. 그러다 보면 적당히 듣기 편하고 그나마 친숙한 외형을 갖춘 재즈를 잘 연주해주기를 바라게 된다. 하지만 정작 상당수의 재즈 연주자는 그것과는 다른 세계를 꿈꾸는 때가 많다.

우디 앨런은 언젠가 이런 얘기를 했었다. 감독은 자신을 위해 영화를 만들어야 한다고, 자기가 보고 싶은 영화를 찍고 나면 어떻게든 관객을 만나게 되어 있다고 말이다. 물론 우디 앨런이 할리우드의 블록버스터 영화를 찍는 감독은 아니지만, 어쨌든 평생 창작을 지속해낼 수 있을 만큼의 관객은 만났던 게 사실이다.

영상으로 뒤덮여 있는 이 시대에 어쿠스틱 악기 중심으로 복잡한 화성과 멜로디며 리듬을 긴 호흡으로 연주하는 재즈가 많은 이들의 마음에 가닿기가 쉽지 않다. 그럼에도 매일 같이 재즈 클럽에 나와 혼신의 힘을 다하며 연주하는 건, 이 음악을 온 마음으로 받아들이는 한두 명의 관객을 만날 수도 있지 않을까 하는 기대를 버리지 않았기 때문이다. 비록 재즈는 시대와 불화를 겪는 중이라고 해도, 이 음악 안에 커다란 가치가 담겨 있다는 믿음에는 변함이 없으니까.

⟨Fly Me To The Moon⟩ Frank Sinatra/Count Basie And His
Orchestra [It Might As Well Be Swing] 1964

⟨Autumn Leaves⟩ Bill Evans Trio
[Portrait In Jazz] 1960

⟨Just Squeeze Me⟩ Ella Fitzgerald
[Ella Fitzgerald Sings The Duke Ellington Songbook] 1957

⟨That's All⟩ Nat King Cole
[This Is Nat King Cole] 1957

⟨Tristeza(Goodbye Sadness)⟩ Sergio Mendes & Brasil '66
[Look Around]

포커스,
포커스, 포커스

[Waltz for Debby]

Bill Evans Trio

아마 한국인이 가장 좋아하는 재즈 음반 몇 장 안에 꼭 들어갈 음반일 것이다. 우리나라 사람들은 피아노에 친숙하다 보니, 연주자도 청중도 피아노 트리오를 유독 선호하는 건 충분히 이해할 만하다. 그중에서도 낭만적인 감성이 전면에 드러난 빌 에반스 트리오는 단연 인기가 많다.

빌 에반스 역시 커리어 전반에 걸쳐 제법 많은 음반을 남겼는데, [Waltz for Debby]는 물론 [Sunday at The Village Vanguard]나 [Portrait in Jazz], [Explorations]까지 스캇 라파로 및 폴 모션과 함께한 트리오는 그가 연주한 수많은 편성 중에서도 유독 돋보인다. 적어도 내가 들어본 음반들에서 빌 에반스는 단 한 번도 별로인 연주를 한 적이 없었지만(그러기에는 머릿속에서 음악이 너무도 명확히 들린 사람일 것이다), 이 네 장의 음반에 담긴 것과 같은 반짝임은 스캇 라파로의 이른 죽음 이후 얼마간 사라져버리고 대신 무언가 다른 색채가 끼어들었다.

역시나 음반 제목이 된 곡 〈Waltz for Debby〉가 가장 유명하긴 하겠지만, 음반에 수록된 순서대로 첫 곡 〈My Foolish Heart〉부터 듣기 시작한다. 빌 에반스와 스캇 라파로의 첫 한두 음 뒤에 브러시로 심벌을 연주하는 폴 모션의 소리를 들으면 '아, 역시나' 하는 기분이 들면서 한번도 가보지 못한 그 시절 뉴욕의 빌리지 뱅가드를 머릿속에 상상하곤 한다. 빌 에반스가 여느 때처럼 고개를 푹 숙이고 숨죽여 연주하는 그곳을 말이다.

음반 발매를 염두에 둔 탓인지, 멜로디 중심으로 연주한 첫 곡은 적당히 짧게 끝나고 이내 박수 소리가 들린다. 그리고 곧 〈Waltz for Debby〉가 시작된다. 피아노와 베이스의 듀엣인 양, 둘이서 멜로디를 연주하고 난 뒤에 본격적으로 드럼 연주가 가세한다. 그때면 4분의 3박자의 왈츠 리듬은 내려두고 4분의 4박자의 스윙 리듬으로 바꿔서 연주하기 시작하는데, 경쾌하고 사뿐사뿐한 느낌의 드럼 연주에 예의 멜로딕하면서도 낭만 있는 빌 에반스의 솔로가 가득한 곡이다. 스캇 라파로의 연주도 뒤지지 않아서 트리오가 어느 한쪽으로 기운다는 느낌이 들지 않는다.

그 뒤로도 〈Detour Ahead〉나 〈Some Other Time〉과 같이 발라드도 많이 실려 있고, 미디엄 템포인 〈My Romance〉나 그나마 음반에서 가장 빠른 트랙인 〈Milestones〉에서도 당시의 재즈에서 흔히 느껴지는 격정적이다 못해 거칠기까지 한 정서는 찾아볼 수가 없으니, 낭만적인 피아노 연주를 좋아하는 우리나라의 재즈 팬들에게는 더할 나위 없는 음반이다. 게다가 역사적으로도 의미가 큰 인물들의 연주가 대체로 그렇듯, 음악을 조금 더 알게 된 다음 다시 들어도 새로운 가치를 발견하게 되는 훌륭한 음반이다.

하지만 한 곡 한 곡, 건너뛸 곡이 없는 이 음반의 수록곡 중에서 내게 특별한 곡 하나를 꼽으라면 나는 〈I Loves You, Porgy〉를 고를 것이다. 사실 이 곡은 원래의 오리지널 LP에는 수록되지 않은 곡이다. LP는 한 음반에 수록할 수 있는 시간의 한계가 있는데, 아마도 그 때문이었을 것이다. CD는 그보다 몇 곡 더 수록하는 게 가능한 매체라서, 이 곡은 음반 뒤쪽에 '보너스 트랙'이라는 타이틀을 달고 실려 있었다. 요즘의 스트리밍 서비스에는 그런 앨범 단위의 시간 제약이 없으니 당연히 올라와 있다.

작곡자는 조지 거슈윈, 재즈 시대의 상징적인 작곡가이다. 뮤지컬 'Porgy And Bess'에 포함된 무척 아름다운 곡이다. 심플하지만 효과적인 AABA 구조를 그대로 따르고 있으며 화성 진행 역시 그 시절 재즈 스탠더드 곡들의 낭만적인 색채를 담고 있다. 이 곡에서 빌 에반스 트리오는 별다른 편곡 없이 그저 곡 자체에 몰입해서는 숨 막히는 호흡의 발라드 연주를 들려준다.

하지만 객석의 청중은 각자 자신의 동행과 이런저런 이야기를 나누고 있는 것이 명확하게 들린다. 각 악기를 향해 있을 마이크에 저 정도의 크기로 들려오는 대화라면 조심스럽게 목소리를 낮춘 건 아니란 얘기다. 1961년의 빌 에반스 트리오인 데다가 재즈의 성지와도 같은 클럽, 빌리지 뱅가드 실황인데 말이다. 이 연주를 마치고 얼마 지나지 않아 스캇 라파로는 교통사고로 세상을 떠난다. 얼마나 역사적인 음반이 녹음되는 현장에 있는지 알지 못하는 청중은 웃고 떠들며 잔을 부딪치고 있다.

사실 첫 곡 〈Waltz for Debby〉에서부터 듣는 이들의 부산함은 계속 들려왔지만, 유독 이 발라드곡 〈I Loves You, Porgy〉에서는 명확하게 드러난다. 곡이 끝날 무렵에는 깔깔거리는 몇 번의 웃음소리까지 마이크에 빨려 들어왔다. 숨 막히는 발라드곡인데 말이다. 저런 정도면 분명 무대 위의 연주자들에게도 명확하게 들린다. 이쯤 하면 내가 상상하던 재즈의 세계는 허상에 불과한지도 모를 일이다. 하지만 빌 에반스 트리오의 호흡은 놀라울 정도로 음악을 향해 있었다. 어떻게 그럴 수 있었을까?

빌 에반스의 음반 〈Trio '64〉의 라이너 노트 마지막에는 이런 얘기가 적혀 있었다.

"…Bill Evans is a pianist who plays into the song and into himself. He cuts out the surrounding thoughts and the surrounding sound. Once he was playing a solo engagement at the Village Vanguard in New York. A lone performer, playing between two hard-swinging groups complete with their grinding tenor sexists, the audience hardly heard a note he played. They laughed and talked through his quiet, thoughtful and sometimes profound solos. Afterward he was asked whether he thought the audience thoughtless and discourteous. Whether he found them distracting. "No," he said, "they need some time to talk. But I did find the talk a bit distracting through the

first two sets, but by the third I just blocked out the noise
and got a little deeper into the music."

"…빌 에반스는 노래와 자기 자신의 안으로 들어가 연주
하는 피아니스트이다. 그는 주변의 생각과 소리를 차단
해낸다. 그가 뉴욕의 빌리지 뱅가드에서 테너색소폰 주
자들과 함께 하드하게 스윙하는 두 그룹 사이에서 독주
를 한 적이 있다. 관객은 그가 연주하는 음악의 거의 아
무런 음표도 듣지 않았다. 그들은 그가 연주하는 조용하
고 사려 깊으며 때때로 심오한 솔로들 사이로 웃고 떠
들었다. 나중에 관객이 무신경하고 무례하지 않은가 하
는 질문을 받았다. 관객들이 연주에 방해되지 않았냐고
말이다.
"아니요." 그가 말했다. "그들은 이야기할 시간이 필요하
죠. 저는 처음 두 셋을 연주할 때에는 떠드는 게 좀 집중
을 해치는 것 같았지만, 세 번째 셋 정도에는 소음을 차
단해버리고 음악 안으로 조금 더 깊이 들어가게 되었어
요."

내가 빌 에반스의 연주를 들으며 가장 감탄하는 건 음악

의 본질을 향한 그의 집중력이다. 물론 개성적인 터치와 음색, 솔로 라인이며 보이싱, 정확한 박자감과 리듬적인 아이디어, 작곡과 편곡 등 음악의 거의 모든 요소에 있어 너무도 훌륭하고 완벽에 가까운 상태이니 그 어떤 면에 주목하여 음악을 듣는다고 해도 감동하게 된다. 하지만 그럼에도 빌 에반스의 연주를 들을 때면 그런 많은 것을 뒤로 한 채 그가 들려주는 음악을 향한 강렬한 집중에 경이로움을 느끼게 된다. 도대체, 도대체 어떻게 그럴 수 있었을까?

Waltz for Debby
Bill Evans Trio
with Scott LaFaro, Paul Motian

Waltz for Debby

Bill Evans Trio | Riverside, 1962

1. **My Foolish Heart**(Victor Young, Ned Washington) - 4:56

2. **Waltz for Debby**(Bill Evans, Gene Lees) [Take 2] - 7:00

3. **Waltz for Debby**(Bill Evans, Gene Lees) [Take 1] - 6:46

4. **Detour Ahead**(Lou Carter, Herb Ellis, Johnny Frigo) [Take 2] - 7:37

5. **Detour Ahead**(Lou Carter, Herb Ellis, Johnny Frigo) [Take 1] - 7:13

6. **My Romance**(Richard Rogers, Lorenz Hart) [Take 1] - 7:12

7. **My Romance**(Richard Rogers, Lorenz Hart) [Take 2] - 7:15

8. **Some Other Time**(Leonard Bernstein, Betty Comden, Adolph Green) - 5:11

9. **Milestones**(Miles Davis) - 6:30

10. **Porgy (I Loves You, Porgy)**(George Gershwin, Ira Gershwin) - 5:58

Bill Evans - piano | Scott LaFaro - double bass | Paul Motion - drums

4분음표로
걷기

몇 시간 뒤면 큰 기대 없이 반쯤은 일하듯 연주하러 갈 것이다. 이데아의 재즈는 늘 새로운 연주가 펼쳐지는 생명력 넘치는 것이겠지만, 현실 세계의 재즈는 자주 권태롭다. 즉흥연주로 가득한 뻔한 음악이라니 생각해보면 놀라운 일인데, 어떻게 그런 일이 있을 수 있는지 모르겠다. 아니, 솔직히 말하자면 얼마간 이유를 알고 있긴 하다.

　팻 메시니가 케니 지를 가차 없이 까 내리던 인터뷰를 본 적이 있다. 그는 "재즈는 정말 좋은 음악이다. 하지만 아주 좋은, 일부의 재즈만 그렇다. 아마도 90퍼센트의 재즈는 별로일 것이다."라고 하면서 케니 지의 음악이 마치 재즈를 대표하는 것 같은 상황에 진심으로 화를 내고 있었다. 2분 정도였을까, 길지 않은 인터뷰를 보며 내내 고개를 끄덕거렸다. 재즈는 정말 좋은 음악이다(끄덕끄덕), 하지만 일부의 재즈만 그렇다(끄덕끄덕), 아마도 90퍼센트의…(끄덕끄덕 끄덕끄덕).

팻 메시니의 기준에서 본다면 내가 연주하는 음악 역시 높은 확률로 90퍼센트에 속하는 재즈일 것이다. '세상에 넘쳐나는 그저 그런 재즈를 한번 더 선보이는 데에 일조하게 된다니….' 그런 생각을 하면서 나서는 길이 상쾌할 리 없다. 하지만 발걸음을 옮길 것이다. 어쩌면 그게 더 중요한 것일 수도 있다. 일단 하는 것, 시작한 일을 멈추지 않는 것, 언제 도달할지, 도달할 수 있을지조차 확신이 들지 않는 그 10퍼센트의 세계를 향해 꾸준히 다가가는 것. 어쩌면 그 꾸준한 행위 안에 어떤 의미가 있을지도 모른다.

나이가 들어서일까, 시간이 지나도 가치를 유지하는 것에 의미를 두게 되었다. 컴퓨터나 스마트폰은 제아무리 최신 기종을 사서 조심조심 쓴다고 해도 수명에 한계가 있으니 시한부 인생이라고 해야 할 것이다. 2008년 혹은 2009년이었을 텐데, 처음 맥북 프로를 사고는 몇 년이고 정말 잘 썼다. 글도 많이 쓰고, 음악 작업도 적지 않게 했다. 하지만 수명을 다한 배터리를 두 번이나 교체해가며 꽤 오랜 시간을 함께 보낸 그 녀석이 더는 버텨주지 못하는 때가 왔고, 그건 제법 슬픈 경험이었다. 자동차 역시 조금 더 수명이 길 뿐, 한계점을 향해 달려가도록 정해진 것에는 차이가 없다. 15년 동안 탄 차를 폐차시킨 지 얼마 되지 않았다.

기계식 시계를 바라보고 있으면 그런 점에서 위안이 된다. 적절히 관리해주기만 한다면 조금씩 낡아가기는 해도 나보다는 훨씬 오래 살아남을 것이다. 금속으로 이루어진 시계의 부속품들은 분명 인간의 장기들보다 더 튼튼하니까. 며칠이고 책상머리에 놓여 있던 시계의 태엽을 감으면 한동안 멈춰 서 있던 초침이 이내 움직이기 시작한다. 그 일정한 동작은 나의 육체가 소멸한 뒤에도 지속될 것이다.

청바지는 또 조금 다른데, 낡아가는 것, 나이 들어가는 것을 기쁘게 받아들이는 신기한 물건이다. 스마트폰, 컴퓨터, 자동차, 아파트… 모두 새것을 좋아하는 시대다. 심지어 사람마저도 젊음이 최고의 가치인 듯한 세상에서 어찌 된 일인지 다들 청바지만큼은 낡은 것을 좋아한다. 새것이라도 몇 년 이상 낡은 느낌을 원하는 사람들은 자연스러운 워싱 처리가 된 제품을 찾는다.

문득 시계며 청바지 뒤에 가려진 장인들을 생각해본다. 명확하게 유한한 존재가 그들의 손을 써서 시간의 흐름을 거스르는 어떤 것을 만들어낸다. 오랜 시간 반복해온 행위는 디테일한 차이를 명확하게 느끼는 예민함을 그들의 손끝에 남긴다. 사람들이 시계나 청바지와 함께 제법 긴 시간을 보내며 그것에 자신의 기억을 조금씩 담아가는 동안, 장인들은 조금씩 늙어간다. 그들의 기술조차 몇 대가 지나면 사라져버릴 수도 있다. 그다지 머지않은 미래에 굳이 시계며 청바지를 만들어야 할 이유가 없어질지도 모른다. 중세 시대 기사들이 몸에 둘렀던 갑옷을 우리가 굳이 만들어 입지 않는 것처럼.

다시금 내가 연주하는 4분음표의 세계를 생각해본다. 재즈 베이스 연주자가 스윙 리듬을 연주한다는 것은 끊임없는 4분음표의 연속을 의미한다. 끊임없이 이어지는 무한한 반복의 물결을 만들어내는 것이 우리에게 주어진 임무다. 무대 위의 다른 연주자들은 그 물결을 타고 어디론가 탐험을 시작한다.

솔로 주자는 마음껏 상상의 나래를 펼친다. 곡의 코드 진행을 머릿속에서 들어내며 그 위에 치열한 훈련으로 쌓아온 멜로디와 그 순간의 직관을 엮어 어떤 이야기를 풀어내려 애쓴다. 드러머도 그만큼, 혹은 그 이상으로 자신의 생각을 함께 펼쳐나간다. 누가 뭐래도 대화는 솔로 주자와 드러머가 주도하기 마련이다. 베이스 연주자는 그들의 열띤 대화를 귀 기울여 들을 뿐, 좀처럼 나서서 자신의 주장을 펼치지 않는다.

좋은 베이스 연주자를 만난 날에는 그들의 연주가 술술

풀리기 시작한다. 코드의 진행은 굳이 기억하려 애쓰지 않아도 명확하게 들려오고, 템포는 안정되어 있지만 음악 자체가 앞으로 나아가는 기분이 든다. 음악의 공간이 벌써 절반은 넘게 채워진 것 같아 슬쩍 한두 음을 더하는 것만으로도 충분하게 느껴진다. 그들이 조금 더 음악의 본질에 다가가게 되고 관객도 마음을 열기 시작하지만, 낮게 깔린 단조로운 4분음표의 연속에 주목하는 이는 많지 않다.

좋은 음을 골라내 4분음표로 제자리에 집어넣는 것이 중요하다. 이 세계를 이해할 때 비로소 베이스 주자는 진정한 리듬 섹션이 된다. 꾸준히 제자리를 찾아 들어가는 4분음표의 연속은 그 자체로 제법 강한 중독성이 있다. 아마도 듣는 이에게 '곧 다음 4분음표가 들려오겠지' 하는 기대감을 주고는 이내 '역시 그렇군' 하고 그 기대를 충족시키기 때문이리라. 미세하게 그 위치가 흔들리면 주술적이기까지 한 중독성이 훌쩍 사라져버린다.

4분음표의 느낌은 머릿속에서 하나의 4분음표를 어떻게 쪼개어 듣고 있느냐에 따라 달라진다. 스윙 리듬을 잘 연주하기 위해서는 머릿속에서 4분음표를 균등한 세 음표로 쪼갰다가 합치는 과정이 필요하다. 때로는 네 개로 쪼개는 것이 더 나을 수도 있고, 그 주변 어느 지점일 수도 있다. 그걸 잘 유지하는 것이 관건이다. 하지만 그것만으로는 충분하지 않다. 4분음표를 아주 조금 앞으로 밀어내는 것이 큰 도움이 된다. 그런데 자칫하면 템포가 빨라지기만 하니까 적지 않은 연습이 필요하다.

더블베이스의 두꺼운 줄에 손가락의 어느 부분을 어느 정도의 힘으로 걸쳐 튕겨내는가에 따라 음표가 악기에서 튀어나오는 모양이 달라진다. 네 줄은 두께가 다르고 그에 따라 장력이 제법 차이가 난다. 동일한 터치를 유지하면 소리의 모양이 달라진다. 4분음표에는 둔탁함이 느껴지는 두께가 있으면서도 튀어 오르듯 가벼운 느낌이 살아 있어야 한다. 소리의 앞부분에는 제법 강렬한 에너지가 담겨야 하지만 그 뒤에 따라오는 음길이 역시 충실하게 채워내야 한다. 한 음을 충분히 지속하고 그다음의 음을 이어내기 위해서는 제법 민첩한 손가락의 움직임이 필요하다. 중요한 건 이 과정을 의식의 세계에서 훈련하여 무의식의 세계로 보내버리는 것이다. 연주하며 이런 종류의 생각이 지나가거나, 생각하고 있는 것이 느껴질 정도가 되면 이미 늦었다는 얘기다.

실제의 세상에는 이 모든 훈련의 과정을 뒤로하고 내가 만들어낸 실체로서의 4분음표만 들린다. 스윙하는 4분음표나 그다지 스윙하지 않는 4분음표나 악보로 표기하면 똑같다. 악보로 적히지 않는 극도로 미세한 차이를 명확히 인식하기 위해, 그리고 인식한 차이를 표현해내기 위해 4분음표를 가다듬고 또 가다듬는다. 가끔씩 같이 연주하는 이들이라고 이 차이를 명확히 느낄 수 있으려나 하는 회의가 들 정도의 세밀함이다. '아무리 들어봐도 똑같은데' 하는 생각이 들 만큼 시간을 나누고 또 나누는 중이다.

재즈가 대중음악의 중심에서 점차 밀려난 지 벌써 몇십 년이 지났다. 훌륭한 4분음표를 가진 베이스 연주자라면 모두에게 환영받던 시기가 있었지만, 이제는 그 가치를 감상해낼 사람들이 많지 않은 세상이 되었다. 그렇다면 과연 나는 현재를 살아가고 있는 것일까, 아니면 과거의 화려하던 시절을 흐릿하게 재현하는 중일까? '여기에는 커다란 의미가 있어, 어쩌면 지금 너희들은 공감하지 못할 수도 있겠지만.' 하고 중얼거려 본다.

그렇게 나도 모르는 사이에 자신의 일에는 자부심이 넘치지만 시대와는 불화를 겪는 4분음표의 장인이 되어가는 중이다. 내 4분음표에 담긴 의미가 누군가에게는 전달되기를 바라면서, 그 의미는 시간의 흐름을 이겨내고 세상에 남을지도 모른다는 희미한 기대를 가지고 말이다. 하지만 내 기대와는 달리 몇 세대가 지나면 더 이상 사람들은 재즈 따위를 들지 않는 세상에 살고 있을지도 모른다.

이런저런 생각을 뒤로 하고 악기를 짊어지고 나갈 시간
이다. 이제 곧 나는 수많은 4분음표를 라이드심벌이 쪼개는
박자 안에 집어넣게 될 것이다. 좋은 물결을 만들어내는 것,
그것에 집중해야 한다. 다른 밴드 멤버들이 그 위에 둥실 떠
올라 쉽게 앞으로 나아갈 수 있게 말이다. 4분음표로 걸어가
는 것, 그 행위를 꾸준히 반복하는 것에 어떤 의미가 있으리
라고 믿어야 한다. 그래도 포켓¹이 명확한 드러머와 함께하는
밤이라 그것만으로도 모든 게 한결 쉬워질 것이다. 그건 다행
이다.

---

1   연주자들 사이에서 사용되는 일종의 은어로, 그루브 혹은 좋은 리듬적인 느낌이
나 정확한 박자감 등 상황에 따라 여러가지의 의미를 갖는다. 보통 '포켓이 있다' 혹
은 '빅 포켓을 가지고 있다'와 같이 표현하는데, 좋은 박자감을 가지고 있다는 뜻이
다. 아니면 '포켓 드러머'와 같이 말한다면 솔로 중심의 연주자가 아니라 기본적인 그
루브에 충실한 드러머라는 의미가 된다. 개인적으로 '포켓 드러머'라고 하면 스티브
조던(Stevs Jordan)이 제일 먼저 떠오른다.

3분의 1,
혹은 그 이상

[We Three]

Roy Haynes, Phineas Newborn Jr., Paul Chambers

언성 히어로Unsung hero라는 표현이 있다. 딱히 대중에게 널리 알려져 칭송받는 정도는 아닌, 그러나 그의 가치를 아는 사람은 다 아는 그런 존재를 말한다. 재즈 밴드에 있어서는 십중팔구 베이스 주자이다. 그도 그럴 것이, 한 곡의 재즈 연주에서 가장 빛나는 존재는 메인 멜로디를 연주하고 거침없이 솔로를 뿜어내는 관악기 주자일 때가 많다. 아니면 역동적인 에너지를 뿜어내는 드러머이거나. 듣는 이의 입장에서 보자면 음량도 크지 않고, 어떤 연주를 하는지 잘 드러나지 않는 베이스 연주자에게 관심이 가기란 쉽지 않다. 하지만 밴드 안에서 연주해본 사람들은 알 것이다. 외형으로는 잘 드러나지 않는 베이스 연주자의 역량이 밴드 전체의 흐름에 얼마나 크게 기여하고 있는지를.

폴 체임버스는 재즈 베이스 주자로 누구 못지않은 경력을 쌓았다. 멀찍이 떨어져서 '따라올 수 있으면 따라와 보지 그래' 하는 느낌이 들 정도로 당대의 평범한 재즈 베이스 주자와는 명확히 다른 연주를 해냈다. 존 콜트레인의 [Blue Train]에 실린 〈Moment's Notice〉에서 폴 체임버스는 너무도 당당하게 솔로를 펼치며 제아무리 복잡한 코드 진행을 눈앞에 던져놓는다 해도 거침없이 연주해낼 수 있다는 것을 증명하고 있었다. 지금까지도 그의 연주는 수많은 재즈 베이스 연주자들이 반드시 거쳐가는 연구의 대상인데, 나도 유학 시절 또는 그 이후에 [Bass on Top]이나 [Whims of Chambers] 같은 그의 리더작을 무한히 반복해 들으며 따라 쳐보곤 했었다.

그렇다고 해도 대중의 이목을 확 끌어 스타덤에 오르거나 하지는 않았다. 상대적으로 연주를 통해 표현할 수 있는 다이내믹의 폭이 좁고, 음역대가 낮아 구체적으로 듣기보다는 막연한 느낌으로 받아들이기 마련인 베이스를 자신의 악기로 선택한 탓이리라.

이 음반의 제목은 [We Three]이고 아티스트명은 딱히 정해지지 않은 채로 '로이 헤인즈, 피니어스 뉴본 주니어, 폴 체임버스Roy Haynes, Phineas Newborn Jr. & Paul Chambers'이다. 어쩌면 피아노를 중심으로 '피니어스 뉴본 주니어 트리오'라고 부르는 것이 더 자연스러웠을 것이다, 빌 에반스 트리오, 혹은 오스카 피터슨 트리오 하는 식으로. 사실 이 음반은 드러머 로이 헤인즈의 음반으로 알려져 있기는 하지만 어느 한 사람의 이름을 내세우지 않고 세 명의 이름을 다 나열한 것만으로도 많은 생각을 하게 한다. '우리 셋'이 음반의 제목이라니.

어쩌면 그 셋 모두 언성 히어로가 아닐까 하는 생각을 한다. 1925년생인 로이 헤인즈가 사이드맨으로 같이 연주했던 이들을 살펴보면 루이 암스트롱, 레스터 영, 찰리 파커, 버드 파웰, 마일스 데이비스, 사라 본, 텔로니어스 몽크, 소니 스팃 같은 이름이 줄줄이 튀어나온다. 모두들 역사의 한 장면을 담당했던 이들이다. 로이 헤인즈는 얼마 전까지도 연주 활동을 지속했어서 가끔씩 유튜브에 최근 영상이 올라오고 있다. 칙 코리아의 〈Matrix〉에서 들었던 창의적이고 도전적이기까지 한 날카로움을 기대하는 것은 지나친 일일 것인데, 90살이 넘은 그는 여전히 활기차고 기분 좋은 연주를 들려주고 있었다. 워낙 고령이라 어쩔 수 없이 타임 필이 흐트러지기는 해도.

[We Three]는 그들이 창창하던 시기의 음반이고, 역시나 흠잡을 데 없는 연주를 들려준다. 이 음반으로 세상을 뒤

바꿔버리겠어, 하는 야심찬 느낌은 없다. 대신 단정하고 안정된 연주로 매 곡마다 기분 좋게 들을 수 있는 재즈 연주를 채워나갔다. 그렇다고 이런 걸 연주하면 대중이 좋아하겠지, 하는 의식이 들리는 것도 아니다. 음악에 있어 꼭 필요한 내용을 꼭 필요한 만큼 연주하는 것이 무엇인지 직감적으로 아는 이들의 연주라고 할까. 능숙하기 이를 데 없는 이들이 어깨에 힘을 빼고 서로를 향해 연주할 때 만들어지는 마법과도 같은 소리의 연속이다. 진정한 소리의 장인이 또 다른 두 장인을 만나 함께 새겨낸 음악이다.

　　음반에는 여섯 곡이 실려 있는데, 동료 피아니스트인 레이 브라이언트의 곡이 두 곡, 태드 다메론의 곡도 한 곡 담겨 있다. 아마도 음반을 이끈 로이 헤인즈가 이 사람 저 사람 같이 연주하면서 마음에 들었던 곡을 가져다가 연주한 게 아닐까 상상해본다. 로이 헤인즈는 스스로 곡을 써서 자기 자신을 증명해 보이는 것보다는 큐레이터 같은 역할을 담당했다. 수많은 곡 중에서 함께 연주할 이들과 적절히 어울릴 곡목을 선정해서 하나의 유기적인 흐름을 만드는 것에도 의미가 있다.

　　〈Reflection〉, 〈Sugar Ray〉 등으로 이어지는 각각의 트랙은 지나친 흥분이 없는 단정한 연주가 담겨 있다. 그렇다고 듣고 있자면 점점 맥이 빠지는 연주는 절대로 아니고, 오히려

한 음 한 음에 각자의 의도가 명확히 살아 있다. 공허한 과장 없이 각자 진중하게 서로의 연주를 즐기고 있는 상태라고 할까. 배경음악으로 쓰여도 좋을 것 같은데, 진지한 감상의 대상으로 듣기에도 충분한 깊이가 있다. 이쯤 하면 재즈 피아노 트리오가 들려줄 수 있는 하나의 모범과도 같은 음반이다. 빌 에반스 트리오, 키스 자렛 트리오, 브래드 멜다우 트리오와 같이 혁신적인 연주 방식을 제시하지는 않았다고 해도, 이 셋은 각자 자기가 해내야 하는 역할을 잘 알고 있는 연주자들이다. 각자 3분의 1을 넘어서는 역량을 가지고 음악의 공간을 가득 채워버린다.

느린 블루스곡 〈After Hours〉가 유독 귀에 착 감긴다. 곡의 템포가 꽤 느릴 때 종종 그 연주자의 바닥이 드러난다. 높은 템포는 그 자체로 음악적인 긴장감을 만들어내고, 그 템포 위에 드러머가 화려한 프레이즈의 연속으로 밴드의 에너지를 이끌어내기가 쉽다. 솔로 주자가 뭘 마구 연주하기만 하면 일단 외형적으로는 그럴듯해진다. 반대로 템포가 느리면 드러머의 손발이 묶인다고나 할까. 그런 상황에서는 솔로 주자의 힘으로 음악을 이끌어가야 한다. 좋은 화성과 멜로디의 호흡, 풍성하면서 아름다운 음색, 서두르지 않으면서 기분 좋은 타임 필 등으로 비어 있는 소리의 공간을 채워야 한다. 피니어스 뉴본 주니어는 이 모든 것을 갖고 있었다.

하지만 피니어스 뉴본 주니어 역시 오스카 피터슨과 같이 주목을 받으며 평생 화려한 무대를 누비는 삶을 살지는 못했다. 이 음반을 함께 만들어간 세 명의 연주자 모두 언성 히어로였고, 이 음반 자체도 그렇다. 아는 사람만 아는 그런 음반이다.

WE THREE

ROY
HAYNES
with PHINEAS
NEWBORN
PAUL
CHAMBERS

LPR-88054

Prestige

We Three

Roy Haynes, Phineas Newborn Jr., Paul Chambers | New Jazz, 1959

1. Reflection(Ray Bryant) - 4:24

2. Sugar Ray(Phineas Newborn, Jr.) - 6:25

3. Solitaire(King Guion, Carl Nutter, Renee Borek) - 8:54

4. After Hours(Avery Parrish) - 11:21

5. Sneakin' Around(Ray Bryant) - 4:24

6. Our Delight(Tadd Dameron) - 4:01

Roy Haynes - drums | Phineas Newborn Jr. - piano | Paul Chambers - double bass

다시,

재즈란 무엇인가

이십 대 초반 몇 년 재즈를 들으며 동경해오다가 결국 실제로 연주하기 위해 뛰어들었다. 짧은 시간이나마 국내의 재즈 신에서 좌충우돌하며 얼마간 활동하고는 이내 미국으로 유학을 떠났었다. 5년간의 미국 생활을 마치고 돌아와 수많은 연주의 현장에서 기쁨과 좌절을 오가며 지내온 시간이 거의 20년이다. 그동안 셀 수 없이 많은 학생을 만나며 이 음악에 관해 이야기해왔다. 틈틈이 글을 쓰기도 했다. 메모하듯이 가볍게 생각을 정리한 것도 있었고, 이런 얘기는 누가 좀 읽어도 좋을 것 같은데 하는 글도 있었다. 최근 1년 정도 시간을 들여 그간 쌓아온 글과 아직 쓰이지 않았던 생각을 모으고 정리해보았다.

하나의 주제를 붙잡고 오랜 시간을 보낸 이들에게서 발견하게 되는 깨달음 같은 게 있는데, 이를 서머싯 몸은 "In each shave lies a philosophy(모든 면도 방법에는 철학이 있다)"라고 표현했다[1]. 내게도 그런 부분이 한두 개씩 쌓여가는 것을 느꼈다. 이 정도를 철학이라고 표현하려니 꽤 부담스럽기는 하지만, 그래도 제법 많은 것을 깨닫게 된 것도 사실이다.

조금 더 연주를 잘하게 된 다음이라면 덜 부끄럽게 이야기를 풀어갈 수 있었을 것 같아 한동안 주저하고 있었다. 그렇지만 '조금 더, 조금 더'를 반복하다가는 끝이 없을 것 같아 용기를 내보기로 했다. 대신 '재즈란 무엇인가?' 하는 질문을 '도대체 나에게 재즈란 무엇인가?'로 슬쩍 바꾸어서. '즉흥연주는, 스윙 리듬이란 이러이러한 것이죠' 하는 식의 설명은 지금껏 많은 사람들이 해왔으니, 명쾌한 정의를 내려보는 것 말고 '이런 측면도 있었구나' 하는 어쩌면 개인적인 생각을 꺼내보았다.

유학을 마치고 한국에서 활동을 시작한 2005년부터 한동안 작지 않은 내적 혼란에 빠져 있었다. 한국의 재즈는 미국에서 듣고 연주하며 체득해간 음악과 너무도 다른 모습이었으니까. 고작 몇 년일 뿐인 외국 생활은 이전에 자연스럽게 느끼던 많은 것을 상대적으로 느끼게 했는데, 그중에서도 스윙

---

1   무라카미 하루키의 책『달리기를 말할 때 내가 하고 싶은 이야기』에서 재인용.

필에 대한 각자의 경험이 너무도 다른 것에 놀라곤 했다. 분명 미국에서는 늘 이런 방식으로 연주하고 있었는데, 왜 우리나라에서는 서로 어긋나게 되는 거지? 하며 당혹스러워했다.

그럴 때 크리스찬 맥브라이드에게서 들은 "Yeah man, you're swinging! You got the BEAT!(이야, 당신 스윙하는데! 박자감이 제대로야!)" 하는 말은 최고의 찬사가 되었다. 그가 팻 메시니 트리오로 세종문화회관에서 내한 공연을 했을 때, 나는 오프닝 밴드의 멤버로 무대에 섰다. 모든 관객은 뒤에 이어질 팻 메시니 트리오를 기다리고 있었을 테니, 어찌 보면 화려한 무대 위에서 남의 관객을 향해 연주한 어색한 상황이었는지도 모르겠다. 하지만 시간이 지나고 나니 그런 건 다 잊어버렸고, 공연이 끝나고 난 뒤 백스테이지에서 크리스찬 맥브라이드와 몇 마디 나누던 장면만 명확하게 남았다. 그에게는 가벼운 인사치레였을 수도 있겠지만, 그의 눈빛을 떠올려보면 적지 않게 의미를 담아 이야기한 것이라고 믿는다. '자네, 이대로 쭉 살아가다 보면 언젠가 어디서 다시 만나게 될 것 같은데' 하고 말하는 눈빛이었다.

스윙 필, 그 느낌을 체득하기 위해 음반을 듣고 또 들으며 내 연주를 가다듬어왔다. 그 과정에서 어쩌면 막연하기까지 한 스윙 필을 설명하는 여러 문장을 들었고, 오랜 시간 곱씹어보았다. 그러나 스윙 리듬과 같이 여러 층위를 가진 요소를 한두 문장으로 정리해버리는 것은 오히려 본질을 제대로 이해하기에 방해되는 것은 아닐까 싶다. 음악에 대한 그 어떤 설명이라도 감상의 폭을 넓히는 데에 기여하지 않는다면 무슨 의미가 있을까.

누가 뭐래도 즉흥연주는 재즈의 핵심 중 하나이다. 하지만 그 즉흥연주를 너무 무겁게 받아들인 탓일까, 어제와 비슷한 솔로를 반복하고 있는 자신을 학대하듯 다그치는 일은 나만 겪는 것이 아니었다. 생각하기에 따라서는 단 하나의 음이 바뀌었다고 해도 이전과는 다른 것인데, 어제의 음표와 대체로 비슷하니 매번 똑같은 솔로라고 받아들이는 이들에게는 한탄만 가득했다.

지난한 연습의 시간을 보내며 이전보다는 한결 표현이 자연스러워진 게 사실이다. 멜로디와 화성, 리듬과 프레이징을 다루는 능력이 성장한 것이다. 스스로의 한계에 답답해하는 것은 지금도 여전하지만, 표현의 폭을 넓히기 위해 지속적으로 노력하는 일과 동시에 지금 내가 말할 수 있는 언어로 의미 있는 문장을 쌓아가는 일 사이의 균형을 찾는 것이 어쩌면 더 큰 과제일지도 모른다는 생각을 한다. 매끄러운 문장으로 가득한 얕은 글을 쓰고 싶지는 않고, 아름다운 프레이즈로 가득한 공허한 음악을 만들고 싶지도 않다. 나는 즉흥연주를 통해 무엇을 말하고 싶은 것인가?

블루스를 매 학기 반복해서 가르치는 20년 가까운 경험은 나에겐 어떤 이야기가 있는가, 내 연주는 그 이야기를 담아내고 있는가, 그 이야기는 듣는 이들에게 가 닿고 있는가를 자문하게 했다. 한 음 한 음 간결하게 의미를 담아 끌어낸 소리로 듣는 이들에게 말을 걸듯 노래하듯 연주할 때 재즈는 곧 블루스가 된다. 블루스의 의미는 블루스 형식이나 스케일, 블루스 릭과 같은 음악의 표층적인 부분에 갇혀 있는 것이 아니다. 음악에 자신의 이야기를 담아 세상에 말을 거는 행위가 블루스의 본질일 테니까. 어떤 이들은 심플하기 그지없는 블루스 형식 위에서 노래할 것이고, 재즈 뮤지션들은 제법 복잡한 구조 위에서 노래한다는 것이 다를 뿐이다.

하지만 여전히 재즈를 온전히 설명하지 못하고 있다는 생각이 들었다. 재즈의 본질이라고 할까, 그 핵심에 다가가기 위해서는 다른 무엇이 더해져야 한다는 것이 분명했다. 매일 밤 재즈 클럽 무대에 서서 스윙 리듬 위에 블루스의 영향을 받은 내용으로 즉흥연주를 채워가는 음악을 연주하면서도, '이건 내가 알고 있는 재즈가 아닌데…' 하면서 회의에 빠지기 일쑤였으니까.

그러면서 발견해나간 재즈의 또 다른 가치가 'being in the moment' 한다는 것인데, 그 의미를 명확하게 전달할 단어를 아직 찾지 못해 지금까지는 '현재성'이라 부르고 있다. 연주하는 순간에 극도로 집중해 있는 이들은 종종 현실감이 흐려지곤 한다. 내가 연주하는 것이 아니라 제삼의 존재인 음악(의 신)이 나를 통해 음악을 세상에 발현시키는 것 같은 경험을 하기도 한다. 절대적인 존재가 나를 통로로 삼고 있는 것과도 같은 느낌, 그건 그 순간에 빨려 들어가는 경험을 해본 사람만 이해하는 것이리라.

그 과정에는 나를 둘러싼 사람들의 연주가 있다. 그들과 의식적으로 혹은 무의식적으로 상호작용을 하면서 나의 연주가 변해간다. 내가 연주하는 내용은 내 귀에 들려오는 소리에 의해 끊임없이 영향을 받는다. 어떠한 방향으로 연주를 끌고 가려는 의도는 의미 없을 때가 많다. 그보다는 어떤 소리가 내게 다가올까 기대하며 기다리는 것 그리고 다가온 소리에 직관적으로 반응하기 위해 나를 내려놓는 것에 익숙해져야 한다. 지금의 나는 내 악기에서 소리를 만들어내는 것이 연주의 종착점이 아니고, 내가 만든 소리를 통해 드러머를, 솔로 주자를 연주하는 것이 재즈라고 믿는다.

그렇기에 재즈는 지극히 사회적인 음악이며, 집단 창작

이 본질인 음악이다. 하지만 오랜 시간 동안 과거의 나는 연습을 열심히 해서 실력이 나아지고 나면 더 좋은 연주자를 만나게 될 것이고, 그러면 자연스럽게 멋진 음악이 펼쳐질 것으로 생각했었다. 그게 어리석은 생각이란 걸 깨닫기까지 십수 년이 걸렸다. 제각각 다른 연주자를 상대해내는 것 자체가 많은 훈련이 필요한 능력이라는 점을 알게 된 것은 한참 뒤였다. 더 간절하게 서로를 듣는 동시에 내 머릿속에서 들려오는 상상의 소리를 명확하게 세상에 끌어다놓는 것은 어떤 곡의 코드 진행을 외우고 그 위에 마음껏 솔로를 펼칠 수 있게 기능적인 훈련을 쌓아가는 것과는 또 다른 차원의 새로운 세계였다.

한편 허비 행콕의 "녹음으로 남은 음악은 음악의 절반 정도에 해당한다. 거기에는 듣는 이들의 마음속에서 일어나는 일이 아직 담겨 있지 않기 때문"이라는 말을 떠올려본다. 관객이 집중해서 듣는 날이면 연주자는 음악에 더 몰입할 수 있고, 결과적으로 더 좋은 음악이 만들어지는 선순환이 일어난다. 음악의 흐름이 어느 방향으로 펼쳐질지 모두 가능성으로 열려 있는 라이브 재즈의 경우에는 더더욱 그러하다. 하지만 이미 녹음된 음악도 듣는 이의 경험 안에서 완성된다.

아이러니하지만, 내게 '재즈 연주는 원래 이렇게 했어야 하는 거였나?' 하는 깨달음이 다가온 건 무척이나 열악한 연주 환경에서였다. 지금은 문을 닫은 지 오래된 홍대 앞의 재즈 클럽 '팜'에서 연주하던 어느 밤이었다. 팜은 꽤 작은 데다가 앞뒤로 길쭉한 공간이었는데, 그날따라 굳이 세 명의 취객이 무대 바로 앞의 테이블에 자리를 잡고 음악이 연주되건 말건 자신들의 이야기에 심취해 있었다. 첫 한두 곡은 그래도 템포가 조금 있는 곡이라 드럼 소리에 그들의 이야기가 반쯤 가려졌지만, 그다음 찰리 헤이든의 곡 〈Our Spanish Love Song〉을 연주할 때는 도저히 참기 어려웠다. 조용한 곡이라고 해도 그들의 목소리는 조금도 낮아지지 않았고, 가벼운 라틴 리듬 위에 낭만적인 멜로디를 가진 발라드에 가까운 곡은 그들에게 철저히 짓밟히는 중이었다.

화가 머리끝까지 치민 나는 버럭 소리를 지르듯 강렬한 몇 개의 음으로 솔로를 시작했다. 아마도 가사를 붙인다면 '닥쳐라 이놈들아!' 정도가 되었을 첫 프레이즈는 내 안에서 끓어오르는 분노의 소리였다. 그런데 그렇게 시작한 첫 프레이즈가 내 귀에 너무도 말이 되게 들리는 거였다. 이전까지의 연주와 차이가 있다면 그 시점에 너무도 강한 어떤 감정이 마음속에 있었고, 마치 고함을 지르듯이 악기에서 소리를 꺼내어 세상에 던졌다는 점이었다. 그렇게 끌려 나온 소리는 연주하는 내가 듣기에도 명확히 살아 있었다. 소리에 의미를 담는다는 것을 그렇게 배웠다.

각자의 내면에 희미하게 들려오는 소리는 상상의 영역에 머물러 있지만, 그것을 꺼내어 현실의 세계로 데려오는 것이 음악가의 일이다. 어떤 이들은 명확하게 자신만의 소리를 찾아낸다. 수많은 음악으로 가득한 이 시대에 누가 들어도 대번에 이건 그 사람의 음악인데, 하고 알게 하는 것은 정말로 특별한 일이다. 지난한 훈련을 거치면 대부분은 능숙함을 얻는다. 그러나 자신의 소리를 발견하는 것은 다른 얘기이고, 그 소리가 뚜렷한 개성을 갖는 건 무척이나 드문 일이다. 찰리 파커, 텔로니어스 몽크, 마일스 데이비스, 빌 에반스, 존 콜트레인, 허비 행콕, 키스 자렛, 웨인 쇼터, 자코 파스토리우스…. 끝없이 이어지는 대가의 이름들을 떠올리는 것만으로도 철저하게 개성적이던 그들의 소리가 떠오른다. 그들은 무심하게 던지는 음표 한두 개로 공기의 흐름을 바꿔버리기도 한다. 그리고 그들이 남긴 수많은 곡이 쌓여 재즈의 세계는 풍성해져왔다.

그러나 예술성을 확보하며 성숙해가는 것에 따른 필연적인 결과일까, 재즈는 점점 더 사람들과 멀어져간다. 음악이 발전해가는 과정에서 점점 추상의 정도가 높아지는 건 클래식 음악에서 익히 지켜본 일이다. 재즈는 유사한 흐름을 100년의 역사 속에서 압축적으로 겪었다. 돌이켜보면 재즈가 대중음악이던 시기는 그리 길지 않았다.

게다가 날이 갈수록 세상은 긴 호흡을 들여 음악을 듣는 것과는 멀어진다. 재즈만의 이야기가 아니다. 요즘은 음악을 감상하도록 하기 위해서 필수적으로 영상을 만들어야 하는 시대가 되었다. 내겐 너무도 가치가 있는 대상이 이 시대와 불화하고 있는 것을 지켜보는 마음이 편하지 않다.

하지만 묵묵히 이 길을 걷는 것 자체에 의미가 있지 않을까 하는 막연한 기대를 버리지 않았다. 그저 단단하게 살아내는 것, 한 걸음 한 걸음 꾸준히 앞으로 걷는 인생 말이다. 우리는 가끔씩 장인의 이야기를 듣는다. 평생 전통적인 방식을 고수하여 칼을 벼리고, 청바지를 염색하고, 시계를 조립하는 이들 말이다. 그들의 이름은 기억하지 못하지만, 그런 삶이 있다는 것을 떠올릴 때 잠시나마 위안을 얻는다.

그들의 인생에 의미가 담겨 있다면, 아마도 4분음표를 반복해서 쌓아가는 베이스 주자의 삶에도 의미가 있을 것이다. 그가 연주하는 것이 숨 가쁘게 몰아치는 솔로도, 격정적인 에너지로 가득 찬 화려한 리듬도 아닌 그저 끝없는 4분음표일지라도 말이다.

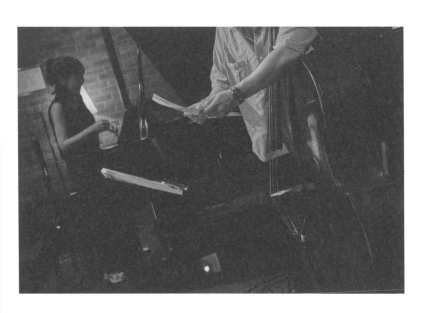

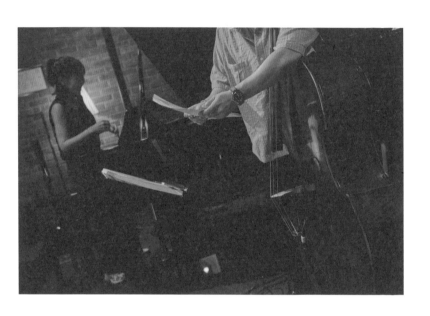

이 책에 나온

재즈 아티스트

게리 바츠
Gary Bartz, 1940~

미국의 색소폰 연주자로 1970년대 초반 마일스 데이비스의 퓨전 스타일 밴드에서 활동한 것으로 가장 널리 알려져 있다. 그 외에도 도날드 버드(Donald Byrd), 케니 버렐(Kenny Burrell), 아트 블레이키 앤 재즈 메신저스(Art Blakey and the Jazz Messengers) 등 재즈의 주요 연주자와 함께 수많은 음반을 남겼다. 마일스 데이비스와는 [The Cellar Door Sessions], [Live-Evil] 등의 음반을 녹음했으며, 마일스 데이비스 밴드가 Isle of Wright라는 록 페스티벌에서 공연한 실황을 중심으로 한 다큐멘터리 영화 'Miles Electric: A Different Kind of Blue'를 통해서 그의 연주와 인터뷰를 충실하게 접할 수 있다.

다닐로 페레즈
Danilo Perez, 1965~

파나마 출신의 재즈 피아니스트로 10대에는 클래식 음악을 학습하고 이후 20대에 미국에서 본격적으로 재즈를 공부하며 이내 디지 길레스피, 잭 디조넷, 리 코니츠, 마이클 브렉커 등의 재즈 뮤지션과 함께 연주하며 연주자로서의 커리어를 시작했다. 1990년대 중반에 발표한 [Panamonk]는 좋은 평가를 받았다. 2000년 웨인 쇼터 콰르텟의 멤버로 참여하면서 그룹의 핵심적인 역할을 담당했다.

덱스터 고든
Dexter Gordon, 1923~1990

비밥 시대의 대표적인 테너색소폰 연주자 중 하나로, 1990년 세상을 떠날 때까지 40년이 넘는 기간 동안 일관된 연주를 들려주었다. 2미터에 가까운 큰 체구에 걸맞게 아주 굵은 특유의 음색을 가지고 있었다. 그의 박자감 역시 매우 특징적인데, 레이드-백 필(laid-back feel)이라고 하며 정박보다 뒤에 끌려오는 듯한 느낌이 강하다. [Go!]와 [Our Man In Paris]가 대표작이라 할 수 있다. 1986년에는 <Round Midnight>이란 영화에 주연으로 출연했는데, 영화 자체의 완성도도 높고 허비 행콕이 담당한 영화음악도 아주 훌륭하다. 덱스터 고든의 연기도 아주 자연스럽고 뛰어나서 아카데미 남우주연상 후보에 오를 정도였으니, 재즈 영화 중 단연 첫 번째로 추천할 만하다.

듀크 엘링턴
Duke Ellington, 1899~1974

미국의 재즈 피아니스트이자 밴드 리더로, 미국 재즈의 상징과도 같은 인물이다. 작곡가 빌리 스트레이혼과 짝을 이뤄 많은 곡을 썼다. <Cotton Tail>, <Take The A Train> 등 당시 녹음 기술의 한계에 맞춘 3분 정도의 짧은 곡을 발표하는 것과 함께 <Black, Brown, and Beige>와 같이 미국의 아프리카계 흑인 노예의 역사에 관한 이야기를 음악으로 전하기도 했다. 그래미의 평생 공로상이나 퓰리처상을 받은 것에서 보듯이 미국 문화에 있어 그의 상징성은 비교할 대상이 많지 않다.

로버트 글래스퍼
Robert Glasper, 1978~

힙합과 재즈를 넘나들며 활동 중인 2000년대 이후 가장 영향력 있는 재즈 피아니스트 중 한 명이다. 어쿠스틱한 피아노 트리오 편성에서부터 퓨전 성향의 프로젝트인 로버트 글래스퍼 익스페리먼트, 다양한 팝 가수들과의 협업으로 만들어진 블랙 라디오 등 몇 가지의 포맷으로 지속적인 활동을 해오고 있다. 그래미 시상식에서 재즈가 아닌 알앤비 부문으로 수차례 수상할 만큼, 전통적인 재즈의 영역에 국한되지 않은 자유로움이 특징이다.

론 카터
Ron Carter, 1937~

미국의 재즈 베이스 연주자로, 가장 많은 음반에 참여한 연주자 중 한 명이기도 하다. 마일스 데이비스의 1960년대 퀸텟의 멤버로 재즈의 역사 한복판에서 온몸으로 변화를 맞닥뜨린 장본인이다. 전통적인 재즈 연주로 널리 알려져 있으나, 힙합 그룹 A Tribe Called Quest의 [The Lowend Theory] 세션 연주 역시 아주 인상적이었다.

루이 암스트롱
Louis Armstrong, 1901~1971

초기 재즈의 상징적인 인물로 트럼펫 연주와 보컬리스트로 활동했다. 1920년대의 뉴올리언스 스타일 재즈가 궁금하다면 그가 이끈 밴드인 핫 파이브와 핫 세븐으로 녹음된 <Struttin' With Some Barbeque>나 <West End Blues>, <Hotter Than That> 같은 곡을 들어보면 좋을 것이다. 이후 엘라 피츠제럴드와 함께한 [Ella And Louis]와 같은 음반도 많은 이들의 사랑을 받았다. 물론 우리에게는 <What A Wonderful World>가 가장 익숙하겠지만, 그 곡은 1960년대 말에 발표된 팝 음악이니 루이 암스트롱이 재즈 역사에 끼친 영향을 엿보기는 어렵다. 물론 좋은 곡임은 틀림없지만.

리 모건
Lee Morgan, 1938~1972

하드밥 시대를 대표하는 스타 트럼펫 연주자 중 한 명이다. 아트 블레이키, 존 콜트레인, 웨인 쇼터 등 당시 가장 뛰어난 밴드 리더들과 함께 연주했고, 그의 음반 [The Sidewinder]는 재즈뿐 아니라 팝과 알앤비 차트에 오를 정도로 크게 인기를 얻었다. 존 콜트레인의 [Blue Train]이나 아트 블레이키의 [Moanin']에서 들려준 거침없는 솔로는 그의 천재적인 역량을 그대로 담고 있다. 무대 위에서 애인의 총에 맞아 사망했다는 일화로 기억되기에는 아까운 존재이다.

리오넬 루에케
Lionel Lueke, 1973~

서아프리카의 베넹에서 태어난 기타리스트로 초기에는 조지 벤슨, 케니 버렐, 웨스 몽고메리 등의 영향을 받았다. 프랑스 파리를 거쳐 미국으로 이주해 버클리 음대 및 텔로니어스 몽크 인스티튜트를 거치며 주목받기 시작했다. 이후 그의 연주에 주목한 허비 행콕의 사이드맨으로 다양한 프로젝트에 참여하게 되면서 활동의 폭이 급격하게 넓어졌다. 리듬과 화성 양면에서 놀라운 성취를 보이는 것은 물론, 유니크한 기타 사운드와 유연한 연주 스타일로도 주목할 만하다.

마일스 데이비스
Miles Davis, 1926~1991

미국의 재즈 트럼펫 연주자 겸 작곡가, 밴드 리더로 재즈의 역사에 가장 큰 영향을 끼친 인물이다. 세인트루이스 태생으로 줄리어드 음대 진학을 계기로 뉴욕으로 이주하여 비밥의 창시자인 찰리 파커와 디지 길레스피의 영향 아래 연주 활동을 시작하였다. 이내 일군의 음악인들과 쿨 재즈 스타일을 만들어냈고, 이후에는 모달 재즈, 퓨전 재즈 등 재즈의 흐름을 몇 차례 바꿔놓을 만큼 혁신적인 면모를 가진 음악인이었다. [Birth of The Cool], [Kind of Blue], [Bitches Brew] 등 각 장르의 시작을 알린 주요 음반들을 듣는 것도 물론 좋겠지만, 초심자라면 [Round About Midnight], [Relaxin'] 등의 음반이 듣기에 더 좋을 수도 있다. 개인적으로는 앞에 소개한 음반은 물론 [In A Silent Way], [Filles de Kilimanjaro]와 같이 퓨전 시대로 진입하려는 초입의 음반을 특히나 기분 좋게 들었다.

멜 토메

Mel Tormé, 1925~1999

미국의 가수이자 작편곡자, 드러머이다. 프랭크 시나트라에게서 영향을 받은 부드러운 창법을 가졌다. 평생에 걸쳐 250여 곡을 작곡했는데, 지금까지도 크리스마스 시즌에 가장 많이 불리는 캐롤 중 하나인 <The Christmas Song>이 그의 곡이다.

멜 루이스

Mel Lewis, 1929~1990

빅밴드 연주에 있어 최고로 꼽히는 재즈 드러머이다. 스탄 켄튼 밴드를 거쳐 태드 존스 & 멜 루이스 오케스트라를 이끌었다. 언제나 완벽에 가까운 선명한 연주로 빅밴드 전체를 뒷받침했다. 빅밴드 이외의 작은 편성에서도 소니 스팃, 제리 멀리건, 디지 길레스피, 스탄 겟츠, 에릭 돌피 등 수많은 아티스트의 음반에서 그의 연주를 들을 수 있다. 아트 페퍼의 [Art Pepper + Eleven]은 전통적인 빅밴드 편성보다는 작아서 조금 더 가벼운 느낌인데, 멜 루이스의 교과서적인 연주를 잘 감상할 수 있다.

버드 파웰
Bud Powell, 1924~1966

비밥 시대의 가장 핵심적인 피아니스트 중 한 명이다. 색소폰의 찰리 파커, 트럼펫의 디지 길레스피와 음악적으로 많은 것을 공유했는데, 비밥 스타일 하면 떠오르는 격정적인 에너지와 화려한 테크닉, 복잡한 코드 진행 위에 끝없이 쏟아내는 8분음표 중심의 솔로 등 비밥을 규정하는 음악적 특징을 피아노로 구현해낸 인물이다. 건강 문제로 활동에 부침이 있었던 편이고, 말년에는 유럽으로 이주해서 지냈다. 블루노트에서 발매한 [The Amazing Bud Powell]도 좋고, [The Genius Of Bud Powell] 역시 그의 연주를 잘 담고 있다. 그의 곡 중 <Hallucinations>, <Bouncing With Bud>, <Celia> 등은 지금까지도 늘 연주된다.

베시 스미스
Bessie Smith, 1894~1937

1930년대에 가장 영향력 있었던 블루스 및 재즈 가수이다. 대표곡으로는 <Downhearted Blues>, <The St. Louis Blues> 등이 있다.

브라이언 블레이드
Brian Blade, 1970~

1990년대 초중반, 또래인 브래드 멜다
우나 조슈아 레드맨, 크리스챤 맥브라
이드 등과 함께 영 라이언으로 주목받
으며 재즈 씬에 혜성처럼 등장한 드러
머이다. 가족의 영향으로 가스펠 교회
에서 성장했으며, 1992년에 뉴욕으로
이주한 이래 수많은 재즈 뮤지션이 선
호하는 드러머로 활발한 활동을 보여
주었다. 역동적이고 에너지 넘치는 연
주에 예상하기 어려운 즉흥적인 폭발력
을 가져 재즈 드럼 연주에 있어 흔치 않
은 생동감을 전해준다. 웨인 쇼터 콰르
텟의 멤버로 지속적인 활동을 이어가는
것과 함께, 칙 코리아의 [Triology]나
허비 행콕, 마이클 브렉커 및 로이 하그
로브와 함께한 [Directions In Music]
에서의 연주도 무척이나 인상적이다.

브래드 멜다우
Brad Mehldau, 1970~

현대 재즈의 가장 핵심적인 인물 중 하
나인 피아니스트이다. 베이시스트 래리
그레나디어 및 드러머 홀헤이 로씨와
함께 활동한 트리오는 혁신적인 스타일
과 완성도에 있어 감히 범접하기 어려
운 경지에 도달해 있었다. 재즈 신에 화
성과 리듬의 측면에서 모두 놀라운 수
준의 진보를 이뤄낸 보기 드문 사례이
다. [Art of Trio Vol. 2], [Art of Trio
Vol. 4] 등의 라이브 음반에서 그들의
끝 간 데 모를 연주를 지켜볼 수 있다.

블루 미첼
Blue Mitchell, 1930~1979

재즈적인 아름다운 음색을 가진 트럼펫 주자로 호레이스 실버, 지미 스미스, 필리 조 존스 등 당대의 유명 연주자들과 수많은 녹음을 남겼다. 리더로도 제법 많은 음반을 남겼지만, 그중에서도 [Blue's Mood]에 실린 첫 곡 <I'll Close My Eyes>의 연주는 간결하면서 멜로딕한 그의 연주 스타일이 잘 살아 있다. 난해하지 않고 귀에 쏙 들어오는 기분 좋은 재즈를 찾는다면 더없이 좋은 곡이고, 즉흥연주를 시작하는 학생들이라면 악기를 불문하고 반복해서 듣고 따라 연주해볼 만하다.

빅스 바이더벡
Bix Beiderbecke, 1903~1931

미국의 코넷 연주자 겸 피아니스트, 작곡자이다. 1920년대 재즈에 있어 가장 영향력 있는 솔로 주자 중 한 명이었다. <Davenport Blues>, <Copenhagen>, <On A Mist> 등의 곡을 남겼다.

빅터 우튼
Victor Wooten, 1964~

미국의 일렉트릭베이스 연주자이다. 혁신적인 슬랩 베이스 테크닉으로 베이스라는 악기가 가진 표현의 한계를 한 번 더 확장한 인물이다. 솔로 데뷔작인 [A Show of Hands]는 그의 스타일을 잘 들려주는데, 음반에 베이스 연주가 오버 더빙된 게 아니라고 밝혀둘 만큼 한 사람이 한 번에 연주했다고 믿기 어려운 기술적인 연주의 연속이다. 그는 다섯 형제가 모두 음악가인 집안의 막내로 태어나 2살 때부터 형에게 악기를 배우는 등 언어를 배우듯 자연스럽게 음악을 배워나갔다. 자신의 경험을 바탕으로 각종 인터뷰에서 그루브, 화성, 즉흥연주 등 다양한 주제에 관해 깊이 있는 성찰을 들려주고 있다. 그는 두 권의 책을 썼는데, 『음악 레슨: 인생 연주비법』과 『나는 음악에게 인생을 배웠다: 평범한 베이시스트를 전설적인 아티스트로 만든 12번의 수업』으로 번역되어 출간되었다.

스탄 게츠
Stan Getz, 1927~1991

감미로운 음색으로 많은 사랑을 받은 미국의 테너색소폰 연주자이다. [Getz/Gilberto] 음반을 통해 보사노바 열풍을 미국에 불러들인 장본인으로 주로 기억되지만, 사실 잭 티가든, 냇 킹 콜, 라이오넬 햄튼, 스탄 켄튼 등 전통적인 재즈 뮤지션과 연주하며 탄탄한 커리어를 쌓았고, 비밥의 주역인 디지 길레스피와도 섹스텟을 구성해 활동한 바 있다. 화성과 멜로디에 관한 천부적인 재능을 가진 연주자로 많은 일화를 남겼다.

시드니 베쉐
Sidney Bechet, 1897~1959

미국의 재즈 색소폰 및 클라리넷 주자
이다. 뉴올리언스 태생의 크레올로, 재
즈 역사에 있어 가장 영향력 있는 첫 번
째 솔로 주자 중 한 명이다. 루이 암스
트롱보다도 먼저 녹음을 시작했다. 소
프라노색소폰으로 시대를 앞서간 즉흥
연주를 들려주었으며, 말년은 프랑스에
서 보냈다.

아트 블레이키
Art Blakey, 1919~1990

하드밥 스타일의 상징적인 드러머 겸
밴드 리더이다. 그가 35년간 이끈 재즈
메신저스에는 프레디 허바드, 웨인 쇼
터, 리 모건, 베니 골슨, 케니 도햄, 행크
모블리, 커티스 풀러, 테렌스 블랜차드,
윈튼 마살리스 등 당대 최고의 관악기
연주자들이 거쳐갔기에, '밴드 리더들
의 밴드 리더'로 여겨졌다. 그의 대표작
[Moanin']은 강렬한 스윙 필에 셔플 백
비트가 가미된 드럼 연주 스타일과 블
루스의 영향이 가득 느껴지는 수록곡을
들을 수 있다. 1950년대 후반 하드밥
연주의 전형 중 하나이다.

안토니오 카를로스 조빔

Antonio Carlos Jobim, 1927~1994

톰 조빔이라는 별칭으로도 널리 알려진 브라질의 작곡가이자 피아니스트, 기타리스트이다. 사실 재즈 뮤지션의 범주에 넣기에는 조금 애매한 감이 없지 않지만, 그의 수많은 곡이 재즈 연주자들에 의해 지금까지 연주되고 있기에 언급할 만하다. 브라질의 삼바와 재즈 화성이 결합해 탄생한 보사노바 스타일의 핵심적인 인물 중 하나이다. <The Girl From Ipanema> 뿐 아니라 <Corcovado>, <Wave>, <Desafinado> 등의 작품을 남겼다.

앰브로스 아킨무시리

Ambrose Akinmusire, 1982~

캘리포니아 출신의 젊은 재즈 트럼펫 연주자이다. 몽크 컴피티션의 수상자이기도 하다. 논서치 레코즈와 블루노트 레코즈를 통해 여러 장의 리더작을 발표한 솔로 아티스트이며 아론 팍스, 에스페란자 스팔딩, 잭 디조넷, 볼프강 무스피엘 등 많은 연주자의 음반에 사이드맨으로 참여했다.

에티엔 찰스

Etienne Charles, 1983~

서인도 제도 중 하나인 트리니다드섬 태생의 재즈 트럼펫 연주자이다. 아프리카계 후손으로서의 이민자적 정체성에 대한 의식을 가지고 소외된 문화권을 재조명하는 데에 큰 관심을 갖고 있다. 리더작의 음반 제목이 [Creole Soul], [Folkfore], [Creole Orchestra] 등인 것에서도 그러한 태도를 내비치고 있다.

엘라 피츠제럴드

Ella Fitzerald, 1917~1996

미국을 대표하는 여성 재즈 보컬리스트이다. 명확하고 아름다운 음색을 가지고 있었으며, 정확한 음정과 박자 감각을 바탕으로 화려한 스캣 솔로를 자랑했다. 오랜 활동 기간 동안 수많은 음반을 남겨서 오히려 대표작을 고르기 어려운데, [Ella Fitzgerald Sings The George and Ira Gershwin Song Book]이나 [Ella Fitzgerald Sings The Cole Porter Songbook]과 같은 음반으로 시작해도 좋을 것이다.

웨인 쇼터
Wayne Shorter, 1933~2023

미국의 재즈 색소폰 연주자이자 작곡자이다. 아트 블레이키 재즈 메신저스에서 활동하던 초기 시절부터 그의 곡은 주목을 받기 시작했고, 이후 마일스 데이비스의 전설적인 60년대 퀸텟, 70년대의 퓨전 수퍼그룹 웨더리포트에서의 활동 등으로 큰 인기를 얻었다. 2000년대에는 후배 연주자들과 함께 웨인 쇼터 콰르텟을 결성해 활동했는데, 추상적이지만 설득력 있는 연주로 많은 이들에게 당대 최고의 재즈밴드 중 하나로 인정받았다. [Juju], [Speak No Evil], [Adam's Apple] 등에 수록된 많은 곡은 지금까지도 즐겨 연주되는 재즈 스탠더드로 받아들여진다. 개인적으로는 위의 음반에 더해 허비 행콕과의 듀엣 음반 [1+1]이나 웨인 쇼터 콰르텟 초기의 생동감이 고스란히 담겨 있는 [Footprints Live!]를 추천한다.

윈튼 마살리스
Wynton Marsalis, 1961~

신전통주의를 대표하는 미국의 재즈 트럼펫 연주자이다. 현재까지 링컨 센터 재즈 프로그램의 디렉터로 활동하며 재즈의 전통을 계승하고 전파하는 데에 최선을 다하고 있다. 재즈의 발상지 뉴올리언스의 음악 집안에서 태어나, 클래식과 재즈 두 영역에서 뛰어난 성취를 보였다.

조슈아 레드맨
Joshua Redman, 1969~

미국의 재즈 색소폰 연주자로, 재즈 색
소폰 주자 듀이 레드맨의 아들이다.
1990년대 초중반, 큰 주목을 받은 영
라이언 중 핵심 인물로, 전통적인 재즈
에 탄탄히 기반한 연주와 현대적인 감
각을 잘 조화해낸 스타성 있는 재즈 연
주자이다. 어쩌면 하버드와 예일대 로
스쿨이라는 학력이 더 인상적일 수도
있다. 또래 연주자인 브래드 멜다우, 피
터 번스타인, 로이 하그로브 등은 물
론 찰리 헤이든, 빌리 히긴스와 같은
선배 연주자와도 활동했다. [Joshua
Redman], [Wish], [Beyond],
[Elastic] 등 초기에 인상적인 음반을
여럿 발표했다.

존 패티투치
John Patitucci, 1959~

뉴욕 태생의 베이스 연주자로, 더블베
이스와 일렉트릭베이스 연주에 있어 가
히 최고의 연주를 들려주는 드문 사례
이다. 칙 코리아의 일렉트릭 밴드와 어
쿠스틱 밴드에서 활동하면서 세상에 널
리 알려진 비르투오소 연주자이지만,
사실 그의 리더작을 들어보면 작곡과
편곡 능력도 대단히 뛰어나다는 것을
확인할 수 있다. 브라질 음악의 영향을
받아들인 [Mistura Fina]도 감상하기
에 좋고, [Imprint], [Communion]으
로 이어지는 시기도 올스타 세션과 명
확한 작곡의 조화가 균형을 잘 잡고 있
어 훌륭하다.

제임스 피 존슨
James P. Johnson, 1894~1955

스트라이드 피아노 스타일의 창시자로 여겨지며, 초기 재즈의 형성에 지대한 영향을 끼친 것으로 알려진 인물이다. 이후 카운트 베이시, 듀크 엘링턴, 아트 테이텀, 팻츠 월러 등 초기 재즈 역사의 주요 피아니스트들은 모두 그에게 사사하거나 영향을 받았다.

카운트 베이시
Count Basie, 1904~1984

피아니스트이자 밴드 리더로, 듀크 엘링턴과 함께 스윙 시대 빅밴드 음악을 대표하는 인물이다. 각 멤버들의 개성을 적극적으로 반영하며 재즈 작곡의 한계를 개척한 듀크 엘링턴과는 달리, 카운트 베이시 오케스트라는 블루스처럼 더욱 단순한 구조의 곡을 활용해 리프 중심의 백그라운드를 쌓아가며 솔로 주자가 마음껏 연주할 기회를 제공하는 등 명확히 다른 방향으로 음악을 만들어 큰 인기를 얻었다. 그의 밴드에 속한 대표적인 관악기 주자는 레스터 영, 벅 클레이튼, 해리 "스위트" 에디슨 등이 있었다. 당시에 미국 최고 리듬 섹션(All-American Rhythm Section)이라고 불릴 만큼 피아노의 카운트 베이시, 베이스의 월터 페이지, 기타의 프레디 그린, 드럼의 조 존스로 구성된 리듬 섹션의 연주 방식과 뉘앙스는 스윙 필의 정석과도 같이 여겨진다. 대표작은 [April In Paris], [Atomic Basie], [Straight Ahead] 등이다.

케니 클락
Kenny Clarke, 1914~1985

재즈 드럼 연주에 있어 박자를 지키는 역할을 베이스드럼에서 라이드심벌로 옮긴, 비밥 스타일의 접근을 확립한 인물이다. 비밥의 산실과도 같은 클럽 민튼즈 플레이 하우스에서 하우스 드러머로 연주했다. 이후 디지 길레스피, 텔로니어스 몽크, 마일스 데이비스, 찰스 밍거스 등 비밥 시대의 대표적인 인물들과 수많은 음반을 남겼다. 그의 연주를 감상하려면 마일스 데이비스의 [Bags Groove]나 [Birth Of The Cool], [Walkin'] 등의 음반부터 들어도 좋을 것이다. 모던 재즈 쿼르텟의 [Modern Jazz Quartet]이나 [Django]에서도 그의 연주를 들을 수 있다.

켄드릭 스콧
Kendrick Scott, 1980~

미국 텍사스 휴스턴 출신의 드러머로, 버클리 음대를 거쳐 수많은 재즈 대가들과 협연하며 성장해왔다. 팻 메시니, 조 로바노, 케니 가렛, 다이앤 리브스, 테렌스 블랜차드 등과 연주했으며, 블루노트 레코즈에 계약된 솔로 아티스트이기도 하다.

클리포드 브라운
Clifford Brown, 1930~1956

교통사고로 20대 중반에 생을 마감한
천재 트럼펫 주자이다. 어린 나이에 압
도적인 즉흥연주 기량으로 재즈 신에
혜성같이 등장해 많은 인기를 끌었다.
<Sandu>, <Joy Spring> 등의 곡을 남
겼다. 드러머 맥스 로치와 공동 리더로
발표한 음반이나 아트 블레이키의 재즈
메신저스 여러 음반에서 그의 연주를
들을 수 있다. 개인적으로는 소니 롤린
스의 음반 [Plus 4]에 실린 <Pent Up
House>의 연주를 가장 좋아하는데, 사
뿐사뿐하게 가벼운 프레이징이 너무도
리드미컬해서 스윙 8분음표의 모범 중
하나라고 생각한다.

킹 올리버
**Joshep Nathan "King" Oliver,
1881~1938**

미국의 코넷 및 트럼펫 연주자이며 밴
드 리더이다. 루이 암스트롱에게 큰 영
향을 끼쳤다. <Dippermouth Blues>,
<West End Blues> 등의 연주로 유명
하다.

토니 윌리암스
Tony Williams, 1945~1997

10대 후반의 나이로 당대 최고의 밴드인 마일스 데이비스 퀸텟의 멤버로 활동했으며, 이후 퓨전 시대에는 Tony Williams Lifetime을 이끌었던 당대 최고의 드러머이다. 압도적인 테크닉과 과감한 표현으로 반주 역할에 머무르던 드럼이라는 악기를 앙상블의 전면에 끌어내 주도적인 역할을 담당할 수 있게 했다.

테레스 마틴
Terrace Martin, 1978~

미국의 색소폰 연주자이자 프로듀서이다. 켄드릭 라마, 스눕 독 등의 대형 아티스트와 작업해왔다. 드러머 로날드 브루너 주니어, 베이시스트 썬더캣과는 사촌지간이며, 어린 시절부터 함께 연주해왔다. 재즈에 관한 깊은 애정을 가지고 있는 힙합 프로듀서로, 켄드릭 라마의 대표작 [To Pimp A Butterfly]의 제작에 깊이 관여했다.

텔로니어스 몽크
Thelonius Monk, 1917~1982

비밥 시대의 중심에 선 미국의 재즈 피아니스트이자 작곡자이다. 전통적인 스트라이드 주법에 기반해 있으면서도 반음계적인 음이 많이 포함된 화성과 거친 터치, 의외성이 강조된 즉흥연주로 독창적인 스타일을 만들어냈다. 특히 <'Round Midnight>, <Blue Monk>, <Straight, No Chaser>, <Well, You Needn't>, <Ask Me Now> 등 그의 많은 자작곡은 재즈 스탠더드가 되어 모든 재즈 연주자들이 습득해야 하는 곡목이 되었다. 재즈 역사상 가장 중요한 작곡자 중의 하나로 평가받고 있다.

팻 메시니
Pat Metheny, 1954~

전통적인 재즈 및 퓨전 재즈를 넘나들며 활동하는 재즈 기타리스트이다. 어린 시절 웨스 몽고메리와 같은 전통적인 재즈 기타리스트의 영향을 크게 받았으며, 이후 오넷 콜맨의 프리재즈에도 깊은 영향을 받았다. 1978년에 팻 메시니 그룹을 결성해 2000년대에 이르기까지 여러 멤버들을 거쳐가며 창작과 연주 활동을 지속해왔다. [Offramp], [First Circle], [The Road To You] 등의 음반이 큰 인기를 얻었다.

행크 모블리

Hank Mobley, 1930~1986

테너색소폰 연주자로 정확하게 화성에 기반한 멜로딕한 솔로가 특징이다. 소니 롤린스나 존 콜트레인과 같이 대중에게 널리 알려진 스타 색소폰 주자는 아니지만, 그의 즉흥연주는 많은 감탄을 자아낸다. 그의 대표작 [Soul Station]에서는 물론이고, 리 모건의 [Cornbread], 마일스 데이비스의 [Someday My Prince Will Come] 등 사이드맨으로 참여한 많은 음반에서도 언제나 완벽에 가까운 솔로를 들려준다.

허비 행콕

Herbie Hancock, 1940~

재즈계의 카멜레온으로 불리는 피아니스트 겸 작곡자이다. 트럼페터 도날드 버드의 사이드맨으로 재즈 신에 등장해 이내 마일스 데이비스의 피아니스트로 성장했다. 1970년대에는 퓨전 밴드 헤드 헌터스를 이끌며 큰 인기를 끌었고, 언제나 새로운 시도를 즐기던 그는 1980년대 초반 <Rockit>을 통해 힙합과 MTV 문화의 형성에 영향을 끼쳤다. 어쿠스틱 편성의 전통적 재즈와 전자악기를 동원한 퓨전 스타일의 재즈 양쪽에서 압도적인 성취를 이룬 예외적인 존재이다.

호레이스 실버
Horace Silver, 1928~2014

하드밥 스타일의 상징적인 재즈 피아
니스트 겸 작곡자, 밴드 리더이다. 가
스펠의 영향이 많이 느껴지는 펑키함
이 그의 강렬한 피아노 연주 전반에 깔
려 있다. 아트 블레이키와 함께 재즈 메
신저스를 이끌었으며, 그 시기에 그의
첫 히트곡 <The Preacher>가 발표되
었다. 이후 아트 블레이키를 떠나 자신
의 밴드를 이끌었는데, [Song For My
Father]는 블루노트 레코즈를 대표하
는 음반 중 하나로 꼽힐 만큼 인기를 끌
었다. <Doodlin'>, <Peace>, <Sister
Sadie> 등의 대표곡이 있다.

사진 안재경 @anjack05

음악과 사람이 있는 곳에서 카메라를 통해 그들을 기록하는 일을 한다.

재즈가 나에게 말하는 것들
지금 여기에서

초판 1쇄 발행 2024년 12월 20일

지은이 최은창

펴낸이 김정희
편집   윤정아
디자인 강경신디자인

펴낸곳 노르웨이숲
출판신고 2021년 9월 3일 제 2022-000108호
주소 서울시 마포구 신촌로2길 19, 302호
이메일 norway12345@naver.com

블로그 blog.naver.com/norway12345
인스타그램 @norw_egian_book

ISBN 979-11-93865-10-1 03670